Non trova lavoro, non ha tetto,
di sera torna in sala d'aspetto:
e aspetta, aspetta, ma sono guai,
il suo treno non parte mai.
Se un fischio echeggia di prima mattina,
lui sogna d'essere all'officina.
Controllore non lo svegliare:
un poco ancora lascialo sognare.
(Gianni Rodari)

A quei lavoratori del trasporto pubblico che ogni giorno con senso del dovere, impegno ed esperienza cercano di recuperare obsolescenza e inefficienze

Agli utenti che utilizzano i mezzi pubblici e quotidianamente subiscono e sopportano disservizi e disfunzioni.

Le 3 Ferrovie ex concesse di Roma

IERI, OGGI, DOMANI

1. la Roma - Lido

Roberto Caruso

Fabrizio Moretti

Enrico Sciarra

INDICE

1 PREFAZIONE

Potrebbe sembrare, leggendo il titolo e la quarta di copertina, un libro per addetti ai lavori, e invece no.

E' un libro per tutti, utile a tutti coloro che volessero conoscere le ragioni profonde, e non solo tecniche, dello stato dei servizi di trasporto a Roma.

Un libro facile da leggere che mette insieme con ordine: passato, presente e futuro.

Per questo gli autori dedicano il libro ai lavoratori dei trasporti e agli utenti.

Ho conosciuto gli autori, li ho visti al lavoro e penso che siano, come gli ho più volte detto nelle giornate di lavoro passate gomito a gomito, tra i più "ferrati" esperti di ferrovie.

Il libro è la prova tangibile che scrivere senza polemiche e con una precisa linearità tecnica dello stato di crisi dei servizi di trasporto, sia utile ed importante non solo per gli utenti ma anche per le Istituzioni.

Non è il primo libro che scrivono e questo sulla Roma - Lido è il primo di una trilogia.

Un lavoro utile che si somma al lavoro fondamentale per la nostra mobilità cittadina che gli autori svolgono concretamente e quotidianamente insieme a tanti e qualificati colleghi.

In attesa dei prossimi libri sulla Roma-Pantano e la Roma-Viterbo, un augurio di buon lavoro agli autori e di buona e proficua lettura a tutti.

Carlo Maria Medaglia
Prorettore alla Ricerca
Link Campus University

2. LA ROMA – LIDO: IERI

Nel 1924 alle ore 10 del 10 agosto il treno inaugurale partiva dalla Stazione di Porta S. Paolo diretto al mare.

Il 10 giugno del 1924 era scomparso Matteotti, il 16 agosto sarà ritrovato il suo cadavere, "a 22 km da Roma sepolto alla base di una quercia" titolò L'Avanti.

In quell'anno bisestile furono inaugurate 62 stazioni nelle ferrovie e metropolitane del mondo, dalla First Avenue della metropolitana di New York alla Goya della metropolitana di Madrid.

Roma nel censimento del 1871 aveva 209.222 abitanti, nel 1921 erano diventati 650.258, nel censimento del 1931 erano 916.858.

L'Italia nel 1860 aveva 2.216 km di rete ferroviaria, nel 1890 diventavano 12.198 di rete dello Stato e 1.420 di ferrovie concesse. I trenta anni dal 1860 al 1890 furono il trentennio d'oro delle ferrovie con punte di costruzione/anno che nell'ultimo decennio dei trent'anni arrivò a 468 km/anno.

Sviluppo dell'infrastruttura e sviluppo dei mezzi, sulla Roma Lido le motrici elettriche entrarono in servizio solo nella primavera del 1925 con una velocità che raggiungeva i 60 km orari, si poteva arrivare al mare in 30 minuti.

L'idea della linea ferroviaria era nata pensando alle esigenze di sviluppo industriale, il collegamento con il mare era pensato in quest'ottica.

Il nome Ostia deriva dal latino "ostium" che stava per "bocca del fiume", foce del fiume.

In effetti Ostia Antica che oggi è ad oltre 3 km nell'entroterra, fino al 200 d.c. si trovava sul mare ed era il porto di Roma .

Dopo il 1870 si cominciò a pensare ad una bonifica del litorale che era costituito da saline e paludi.

Nel 1884 furono trasferiti i primi ravennati e dopo 5 anni con la costruzione delle canalizzazioni furono bonificati più di 1500 ettari di palude.

Anche questa attività faceva pensare ad una ferrovia con finalità industriali e per le merci.

Ma nel 1924, a meno di dieci anni dalla delibera del Consiglio Comunale che assegnava alla nuova borgata il nome di Nuova Ostia la missione della ferrovia era mutata nei fatti.

Infatti l'orario feriale prevedeva 16 coppie di treni, durante la stagione estiva la frequenza passava a un treno ogni 7 minuti.

Nel 1932 sulla linea fu sperimentato l'impiego di una motrice con motore diesel su pneumatici progettata dalla Michelin francese, ma per i tempi che correvano, l'insensata autarchia e la italianizzazione dei nomi, l'esperimento fu chiamato "Michelina".

"Le vie d'Italia", la rivista del Touring Club Italiano ne dava notizia: "*Nei primi mesi di esercizio sperimentale, la vettura automotrice Michelin con pneumatici ha compiuto un servizio perfettamente soddisfacente sulla linea Roma S.Paolo-Ostia Lido, confermando le sue qualità di velocità (100 km/h), regolarità e marcia silenziosa. Le ruote a disco pieno, erano dotate di una flangia interna che sporgeva oltre lo pneumatico, con battistrada a tagli obliqui, per impedire alla ruota stessa di uscire dal binario, ed inoltre un dispositivo speciale avvertiva il conduttore allorchè la pressione di gonfiaggio, di circa 6 atm, fosse in sensibile diminuizione. In caso di scoppio o completo sgonfiamento lo pneumatico poteva essere cambiato in pochi minuti (novembre 1932)*"

Sempre nel 1932 sull'orario di servizio n.8 è scritto che "la velocità massima raggiunge i 65 km orari. Sull'orario di servizio n.17 del 1932 compare la dicitura Ostia Scavi. Sull'orario di servizio n.19 in vigore dal settembre del 1932, Ostia Scavi diventa Ostia Antica e Marina di Ostia diventa Lido di Ostia"

La retorica della romanità imperiale aveva preso il sopravvento pure sui nomi delle Stazioni.

Dal 1868 lo Stato Pontificio aveva preso in esame il progetto per la costruzione di una ferrovia che collegasse Roma con Ostia.

La breccia di Porta Pia e la scarsa popolazione di Ostia fecero archiviare la discussione sui progetti.

Qualcuno arrivò a proporre la costruzione di un tram al posto della ferrovia.

Il collegamento ferroviario tra Roma e Ostia tornò di attualità quando nel 1906 la Giunta Comunale nominò una commissione di studio.

Il progetto definitivo fu approvato nel 1915 e nel 1916 il Governo approvò la legge 550 del 27/4/1916 che definiva i criteri di costruzione e una sovvenzione di 12.864 a Km, prevedendo una spesa di 9 milioni di lire.

Lo scoppiò della prima guerra mondiale rinviò l'inizio dei lavori al 20 dicembre 1918.

A complicare lo scenario dei lavori fu il fallimento dell'Ente SMIR (Sviluppo Marittimo e Industriale di Roma) concessionario.

I lavori furono sospesi, lo SMIR fu liquidato e ci fu il subentro della SEFI (Società Elettro Ferroviaria Italiana).

L'inaugurazione del 1924 fu, per così dire, forzata nei tempi, già allora e soprattutto allora, il taglio dei nastri era benefico per il consenso, per la legenda de "l'italico ingegno" e diversivo per le masse.

Fatta l'inaugurazione si esercì la linea come si poteva e solo dopo un anno entrò in funzione a doppio binario e a trazione elettrica.

Intanto la SEFI aveva progettato lo Stabilimento Roma che fu aperto al pubblico nel 1927 e nello stesso anno fu inaugurata la Via del Mare celebrata e classificata come autostrada fino agli anni 60, poi diventata strada statale ed oggi strada provinciale.

Durante la seconda guerra mondiale i tedeschi in ritirata distrussero gran parte della linea ferroviaria, le stazioni e anche lo Stabilimento Roma.

Dopo la guerra, ci fu un periodo di trazione a vapore, tra il '45 e il '46 si tornò alla trazione elettrica.

Nel 1941 la STEFER (Società delle Tranvie E Ferrovie Elettriche di Roma) che già eserciva le tranvie dei Castelli Romani, assorbì la SEFI.

La ricostruzione cominciò a dare frutti nel 1948 quando fu inaugurata la Stazione di Stella Polare, nel 1949 quella di Castel Fusano.

Nel 1949 fu demolita la stazione di Ostia Centro e nel 1951 fu inaugurata la nuova stazione di Lido di Ostia Centro.

Nel 1960 furono inaugurate le stazioni di Cristoforo Colombo e Tor di Valle e nel 1972 la fermata di Casal Bernocchi.

Erano gli anni del boom basato sulla motorizzazione individuale, al mare si andava in vespa, lambretta, 500, 600, 750, 850, 1100, 128, 124 ecc.

I treni per il mare partivano da Termini e da Porta San Paolo, quelli in partenza da Termini effettuavano tutte le stazioni della metro B fino a Magliana e poi proseguivano per Ostia, c'erano in esercizio oltre 80 coppie di treni.

Chi faceva sega a scuola, dopo l'appuntamento alla lampada OSRAM in Piazza dei Cinquecento, prendeva il treno per Ostia.

In estate si viaggiava con sdraio, ombrelloni, borse termiche c'era la Roma popolare che andava al mare.

La ferrovia diventava un set cinematografico umanissimo in bianco e nero, mentre per decenni rimaneva la gestione dell'infrastruttura e dell'esercizio senza progetti di sviluppo e trasformazione.

Tutte le ferrovie rappresentano set per l'immaginario. Quando passa un treno, lo sguardo lo segue e lo rincorre sui binari ed è come se in quei pochi secondi passasse la sequenza di passato, presente e futuro.

Qualunque sia il treno che sta passando, a ben guardare è come se passassero in sequenza la locomotiva a vapore Boyard e Vesuvio della Napoli – Portici del 3 ottobre 1839, le littorine Aln 556 Breda, le carrozze 100 porte, o gli elettrotreni moderni ed affusolati.

Il treno nell'immaginario ha un senso progressivo, ciascuno a suo modo ha sedimentato dentro di sé la storia del treno, il progresso e i mutamenti che ha prodotto e può produrre. Una percezione positiva del progresso.

Di fronte a certe linee ferroviarie, e la Roma – Lido è una di queste, la percezione muta, il presente produce angoscia e a volte rabbia. Lo stesso treno diventa solo presente. Le forme percettive e comportamentali sono sopraffatte dalla condizione del presente e l'angoscia si trasforma in sfiducia.

L'intento di questo libro è quello di riattivare un flusso: passato, presente, futuro.

3. LA ROMA – LIDO: OGGI

La ferrovia ex concessa Roma Lido si sviluppa interamente in territorio del Comune di Roma collegando la centralità urbana di Ostia, sita sul litorale laziale, direttamente a Roma passando per le popolose centralità di Castel Fusano, Ostia Antica, Acilia, Casal Bernocchi, Centro Giano, Vitinia e Mezzo Cammino.

Nella tratta interna al Raccordo Anulare attraversa i quartieri del Torrino, dell'Eur, di Marconi, di San Paolo e Garbatella affiancando anche la metropolitana B/B1 nella tratta compresa tra le fermate di Eur Magliana e Porta S. Paolo.

Nel tratto in parallelo con la metropolitana offre la possibilità di scambiare con la linea B/B1 nelle fermate di Eur Magliana, Basilica San Paolo e Porta San Paolo. In questo tratto condivide con la metropolitana anche il deposito di Magliana e le sottostazioni elettriche di Garbatella e Mercati Generali.

Gli utenti della Roma Lido hanno quindi la possibilità di accedere alla rete della metropolitane attraverso la linea B/B1, che collega il quadrante sud della città con il quadrante nord-est, passando per la stazione Termini dove possono scambiare con la linea A che connette il quadrante ovest con il quadrante sud-est.

Oltre alla rete delle metropolitane, la Roma Lido offre lo scambio con gli altri servizi su ferro delle linee regionali gestite da Trenitalia. Nella stazione terminale di Porta San Paolo è possibile, grazie ad un sistema di tapis roulant, raggiungere la stazione FS di Roma Ostiense in cui svolgono servizio tutte le linee regionali che utilizzano il passante ferroviario sud ovvero: la FL1, che collega l'aeroporto di Fiumicino con Monterotondo transitando anche per la stazione FS di Roma Tiburtina, la FL3, da Viterbo a Monterotondo e la FL5 che utilizzando i binari provenienti da Pisa porta i pendolari da Civitavecchia e Santa Marinella direttamente alla stazione di Roma Termini.

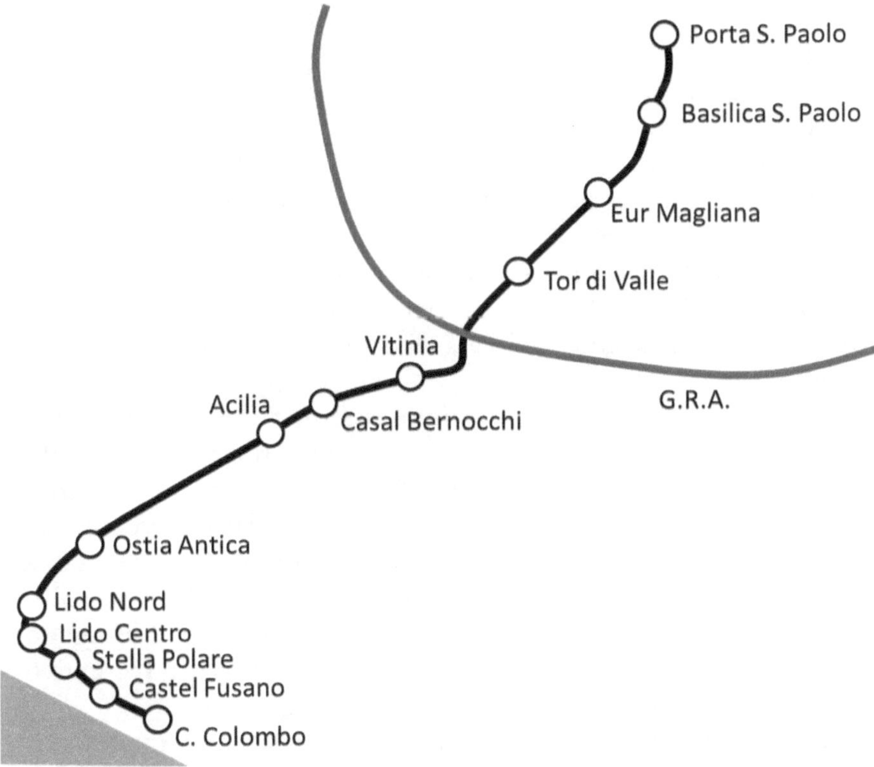

La linea è lunga complessivamente 28,359 km, è completamente sviluppata in sede propria senza passaggi a livello e tutta su doppio binario con scartamento in linea retta pari a 1435 mm.

Si sviluppa completamente in superficie ad eccezione di tre brevi tratti di galleria, il primo in prossimità della stazione di Porta San Paolo, per sottopassare il fascio binari della stazione di Roma Ostiense (FS), il secondo poco prima della stazione di Basilica S. Paolo e l'ultimo in corrispondenza della stazione di Acilia.

Stazioni/fermate

Le Stazioni / fermate sono 13 in tutto. Le stazioni di seguito riportate sono tutte attrezzate con Apparato Centrale Elettrico ad Itinerari (ACEI):
- Roma P.ta San Paolo;
- Magliana;
- Vitinia;
- Acilia;
- Ostia Antica;
- Lido Centro;
- C. Colombo.

Le fermate sono Basilica San Paolo, Tor Di Valle, Casal Bernocchi, Lido Nord, Stella Polare, Castel Fusano.

Tutte e tredici le stazioni/fermate sono accessibili con la bici, dotate di servizi igienici e macchine emettitrici di biglietti (MEB).

Nel complesso la linea è dotata di 24 ascensori, 6 biglietterie, 9 parcheggi.

Al momento è in via di realizzazione la fermata "Acilia Sud", ma i lavori per il completamento della stazione sono fermi da Agosto 2017 a causa di un debito pregresso di ATAC con la ditta realizzatrice dell'opera e dell'avvio della procedura di Concordato preventivo in atto. Per lo stesso motivo, sono fermi anche i lavori per la realizzazione del nuovo fabbricato viaggiatori presso la fermata di Tor di Valle. Tornando ad Acilia Sud, deve ancora essere ultimato il Progetto Esecutivo dei due parcheggi di scambio, mentre il Progetto Definitivo del sovrappasso ciclopedonale va ancora avviato.

Sulla linea, inoltre, si prevede di realizzare le seguenti fermate:
- Torrino-Mezzocammino, per cui la Conferenza dei servizi si è conclusa nel 2014: la sua realizzazione sarebbe possibile utilizzando gli oneri a scomputo, che sarebbero sufficienti per completare l'opera. Tuttavia, va fatta una variazione urbanistica per consentire la realizzazione del parcheggio di scambio;
- Giardini di Roma (Malafede): il parcheggio di scambio è già stato realizzato. La Conferenza dei Servizi è stata avviata nel 2014, ma ha subito uno stop a causa di problematiche relative all'insorgere di un vincolo archeologico che però non riguarda strettamente l'area dove è prevista la realizzazione della fermata.

Di seguito è rappresentato il tracciato della Roma – Lido comprensivo delle nuove fermate.

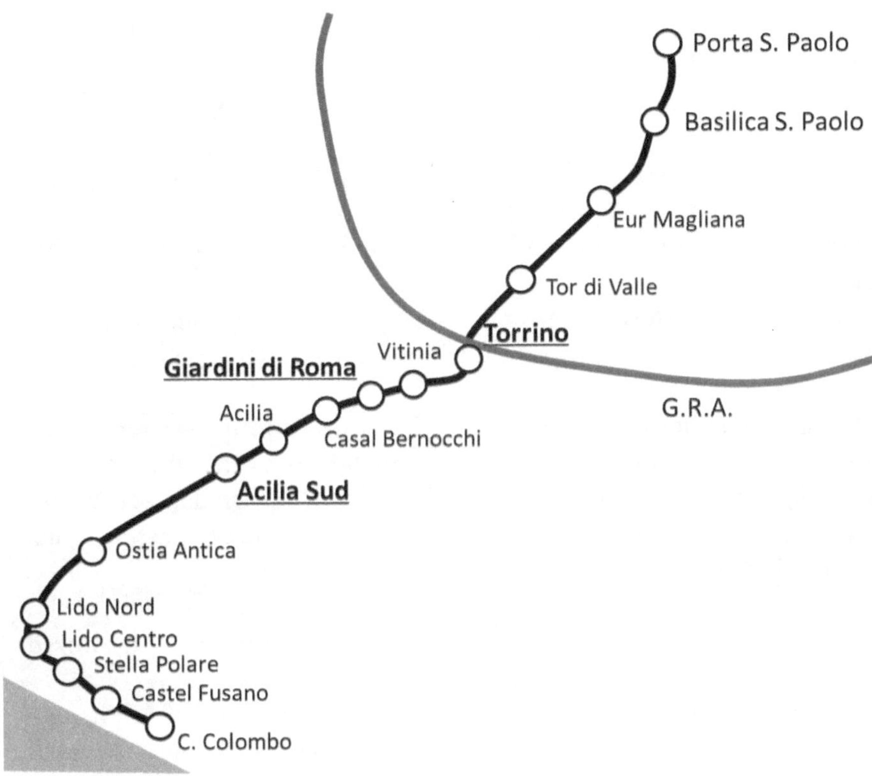

Caratteristiche dell'infrastruttura

La tipologia di armamento è uniforme su tutta la linea con rotaie UNI 50E5 sede ballast e traverse monoblocco ma la posa in opera è avvenuta in momenti diversi nel tempo, infatti circa 19,5 km di binario sono antecedenti al 1987, circa 7,5 km tra il 1993 e il 2000 e solo 2 km circa sono stati posati dopo il 2012.

Il carico massimo per asse è pari a 15 tonnellate.

Lungo il tracciato sono presenti 81 curve per uno sviluppo totale di 18.763 metri di cui 79 con raggio superiore ai 275 m e solo due curve con raggio inferiore ai 275 m. La velocità massima della linea e pari a 85 km/h.

La pendenza massima della linea e del 1,9% nella tratta tra Casal Bernocchi e Acilia.

Nel complesso dell'infrastruttura sono presenti 61 scambi semplici con R. 170 e tg. 0.12, 2 scambi semplici con R. 150 e tg. 0.12 e uno scambio inglese R. 150 e tg. 0.12.

La sagoma limite è quella normale italiana con larghezza di 3.100 mm.

La lunghezza minima delle banchine è di 130 m e l'altezza piano banchina 1.100 mm dal piano del ferro.

L'accesso al Deposito/Officina avviene dalla stazione di Eur Magliana.

In località Torrino è esistente una comunicazione che collega il binario di corsa dei dispari con un binario secondario, che permette l'accesso al locale S.S.E.

La linea è collegata con impianti che consentono il trasferimento dei rotabili con la stazione di Roma Ostiense attraverso il cosiddetto Raccordo Mercati, ubicato in località Garbatella, con un attraversamento a raso di Via Pellegrino Matteucci, gestito dalla stazione di Roma P.ta San Paolo.

La linea aerea è costituita da catenaria contrappesata con altezza media dal piano ferro pari a 4.650 mm.

La linea è alimentata a 1500 V.c.c. da 8 sottostazioni elettriche telecomandabili dal "Posto Centrale Elettrificazione", ubicato presso la D.C.O. di Garbatella: Mercati Generali, Magliana, Torrino, Vitinia, Acilia, Ostia Antica, Lido di Ostia Centro e Ostia C. Colombo.

Le SSE hanno potenza di 3500-3800 kVA. A Vitinia è presente una cabina di smistamento.

Sistema di Esercizio

Il sistema di esercizio della linea, definito a norma UNIFER, è quello del "Comando Traffico Centralizzato" gestito dal "Dirigente Centrale Traffico (D.C.T.)", per mezzo di un impianto di "Controllo del Traffico Centralizzato (C.T.C.)" il cui "Posto Centrale" (P.C.) è ubicato presso la D.C.O. di Garbatella.

Ai fini del Sistema di Esercizio, sono definite:

- STAZIONI PORTA quelle di Roma P.S.P., Eur Magliana;
- POSTI SATELLITI le stazioni intermedie di Vitinia, Acilia , Ostia Antica, Lido di Ostia Centro e Lido di Ostia C.Colombo.

I capilinea di Roma P.S.P e Lido di Ostia C.Colombo sono normalmente presenziate da Dirigente Movimento; la stazione di Eur Magliana può essere presenziata da Dirigente Movimento oppure gestita in telecomando dal D.C.T. della linea Metro B.

I Posti Satelliti, normalmente impresenziati e gestiti in telecomando dal D.C.T., possono essere presenziati da Appositi Incaricati (A.I.).

Segnalamento

Il regime di circolazione dei treni è quello del Blocco Automatico a correnti codificate a quattro codici con circuiti di ricoprimento a correnti fisse.

Tale sistema fornisce al macchinista l'informazione sull'aspetto dei segnali posti a valle della sezione percorsa dal treno, aumentando lo spazio di frenatura disponibile e quindi le velocità di marcia.

Gli impianti di segnalamento di tutte le stazioni sono gestiti e controllati da ACEI: quelli di Vitinia, Acilia, Ostia Antica, Lido di Ostia centro, Lido di Ostia e C. Colombo sono del tipo telecomandabile FSI/019, mentre quelli di Roma P.ta San Paolo e di Magliana sono di tipo FS/016.

Per quanto riguarda il segnalamento delle stazioni, esse sono tutte munite di segnali alti di protezione e di partenza. I segnali di partenza sono integrati da segnali bassi, mentre i movimenti di manovra sono comandati da segnali bassi.

Tutti i segnali alti delle stazioni e quelli intermedi di blocco automatico sono attrezzati con dispositivo denominato *trainstop* di tipo elettro - meccanico.

I treni sono bidirezionali e dotati del dispositivo "Uomo Morto", che controlla la presenza attiva del macchinista. In tutti i convogli oltre al macchinista è presente il Capo treno.

Comunicazioni

Per le comunicazioni telefoniche di servizio, è in uso un impianto, a tre circuiti citofonici (DCO, MAN, DOTE), che collega tra loro le stazioni, le fermate, il DCT, il DCE ed i reparti di Manutenzione. Tutti i segnali di blocco intermedi, lato binario dei pari, tra Colombo e Magliana sono attrezzati con telefoni in cassa stagna, come pure quelli di protezione e di partenza delle stazioni.

Le comunicazioni telefoniche possono essere registrate a comando da parte del D.C.T.

Le comunicazioni terra-treno, tra treni in circolazione e D.C.T., avvengono tramite telefoni cellulari appositamente predisposti, essendo soggetti a registrazione automatica, possono essere utilizzati dal D.C.T. per impartire ai treni prescrizioni di movimento.

Il materiale rotabile

La Roma Lido non è dotata di un parco rotabile progettato e dedicato alla linea, la sua composizione è variegata, datata e purtroppo frutto di arrangiamenti e adattamenti di treni di scarto provenienti da altre linee.

A causa della scarsa affidabilità del materiale rotabile di proprietà della Regione Lazio, il Comune di Roma e Atac hanno provveduto gradualmente a sostituire le MR 600 e le MA 100 (Frecce del Mare).

Nel 2006 il Comune di Roma ha iniziato a destinare alla ferrovia Roma – Lido alcuni dei 53 treni CAF acquistati per la metropolitana di Roma.

Nel corso dell'anno 2015, per far fronte alla grave situazione di carenza dei materiali rotabili disponibili per l'esercizio, ATAC ha trasferito ulteriori 3 treni dalla Metro B alla ferrovia Roma – Lido.

I 10 treni tipo MA200 costruiti dall'Ansaldo-Breda sono stati immessi in esercizio tra il 1998 e il 1999 sulla Linea A della Metropolitana di Roma.

A partire dal 2006, con l'arrivo sulla linea A della metropolitana di Roma della nuova flotta CAF MA300, sufficiente per garantire il servizio, i treni MA200 sono stati utilizzati in modo marginale e principalmente come supporto e integrazione alla flotta CAF.

A partire dal 2011, in relazione alla messa fuori servizio del parco dei treni MA100 Frecce del Mare e alla contemporanea dismissione dei treni MR600 (vecchi treni Firema anni '50 oggetto di revamping) e di 3 treni Fiat 500, ATAC ha provveduto ad avviare un programma di trasferimento dei 10 treni MA200 sulla ferrovia Roma Lido di Ostia.

Conseguentemente, sono stati effettuati interventi sui treni MA200 limitati all'adeguamento della sagoma limite e delle prestazioni in linea con le caratteristiche peculiari della ferrovia.

Rimangono comunque irrisolte le criticità legate all'utilizzo di treni originariamente progettati per l'esercizio in sotterraneo: infatti, alcuni componenti risultano essere molto sensibili ai gradienti termici, soprattutto alle elevate temperature estive, per cui sono soggetti a frequenti fuori-servizio di sistemi ed apparecchiature di bordo.

Il parco attuale è costituito nel suo complesso da 23 treni così assortito:

Tipologia	N°	Proprietà	età media	Km medi
MA 300	8	Atac	10	1.200.000
MA 200	10	Roma Capitale	20	650.000
MA 100	2	Roma Capitale	41	>2.000.000
Fiat 500	3	Atac	30	1.500.000

Gli otto treni MA 300 sono stati prodotti dalla CAF in due serie, la prima del 2004 e la seconda del 2009, sono climatizzati sia nel posto guida che in vettura, offrono 992 posti in piedi, 216 posti seduti e 4 posti per carrozzella per un totale di 1.212. Sono dotati di azionamento ad inverter e frenatura elettromeccanica e pneumatica. L'incarrozzamento è garantito da 24 porte per fiancata.

I dieci treni MA 200, prodotti dalla Ansaldo Breda nel 1997, offrono 1.040 posti in piedi, 208 posti seduti e 4 posti per carrozzella, per un totale di 1.252. Sono dotati di azionamento ad inverter e frenatura elettromeccanica e pneumatica. L'incarrozzamento è garantito da 24 porte per fiancata.

I due treni MA 100, prodotti dalla Ansaldo Breda nel 1976, sono climatizzati solo nel posto guida, offrono 1.032 posti in piedi, 208 posti seduti per un totale di 1.240. Sono dotati di azionamento a chopper e frenatura elettromeccanica e pneumatica + pattini. L'incarrozzamento è garantito da 24 porte per fiancata.

I 3 treni FIAT 500 sono stati prodotti dalla Fiat Ferroviaria nel 1987, sono climatizzati solo nel posto guida, offrono 868 posti in piedi, 260 posti seduti e 2 posti per carrozzella, per un totale di 1.130. Sono dotati di azionamento reostatico e frenatura elettromeccanica + pneumatica. L'incarrozzamento è garantito da 18 porte per fiancata.

Il deposito

Nel deposito di Magliana Nuova viene effettuata la manutenzione corrente dei rotabili della Roma Lido e della Metro B/B1. La struttura è collocata in Viale dell'Oceano Indiano in prossimità della stazione di Eur Magliana.

L'accesso al deposito è in comune con la metro B/B1.

Le principali lavorazioni sono svolte nel capannone n° 2 che contiene 14 binari con fosse d'ispezione, passerelle per manutenzione a bordo treni, possibilità di accesso sotto cassa nonché imperiale.

L'impianto è dotato di un tornio in fossa con il quale è possibile operare su un solo asse per volta.

La manutenzione preventiva corrente e quella a guasto viene invece svolta nel capannone n°3 che contiene 2 binari dotati di passerelle per accesso in cassa, buche di lavoro e torrette per accesso imperiale. Tali postazioni sono utilizzate anche per le attività di verifiche, controllo e collaudo.

Il deposito è progettato per l'esecuzione della manutenzione eseguita su cassa singola e non su intero convoglio; inoltre non è possibile operare mediante sollevamento del rotabile e della singola cassa.

Ciò comporta inevitabilmente il disaccoppiamento, e successivo riaccoppiamento al termine dell'attività. Le n° 6 casse costituenti il treno vengono quindi trainate e distribuite in almeno 3 postazioni in parallelo dove possono essere lavorate singolarmente.

L'impianto è dotato di un solo cala carrelli.

La postazione per il lavaggio esterno è ubicata in uno dei binari di piazzale e l'operazione di lavaggio avviene a rotabili in movimento a bassa velocità, mentre l'impianto di soffiatura è ubicato nel capannone n° 8.

La flotta attualmente manutenuta in tale impianto è costituita da n° 62 Rotabili.

Di seguito la rappresentazione planimetrica del Deposito.

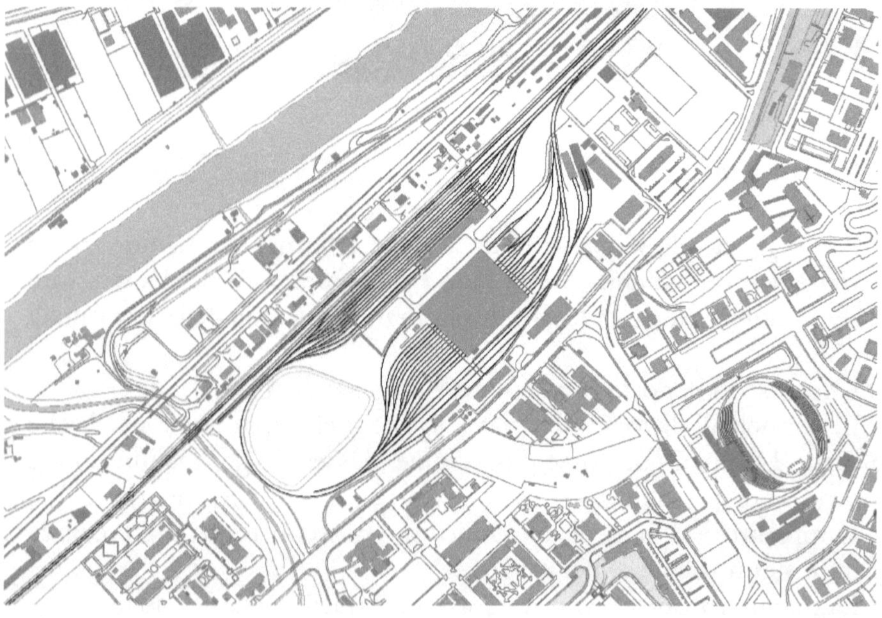

Analisi della domanda

La Roma Lido serve, in primo luogo, la zona del Municipio Roma X, la cui popolazione è costituita da 231.723 unità (fonte: Roma Capitale - Roma Statistica. Popolazione iscritta in anagrafe al 31 dicembre 2016). Inoltre, la Roma Lido, limitatamente alle zone di Vitinia, Mezzocammino, Mostacciano, Tor di Valle, Torrino, serve anche il Municipio IX, per ulteriori 54.040 unità.

Ne consegue un bacino complessivo pari a 285.763 abitanti, più di Verona (257.275 unità).

Il bacino di domanda attuale e soprattutto potenziale è di notevoli dimensioni: da uno studio effettuato dall'Agenzia Roma Servizi per la Mobilità (S.T.A.T.U.S. – Scenari Trasportistici e Ambientali per un Trasporto Urbano Sostenibile - La pianificazione dei trasporti nell'area metropolitana di Roma – aggiornato a luglio 2016) si evince, che nello scenario attuale, il picco massimo di domanda di trasporto nell'ora di punta e nella tratta di maggior afflusso (Tor di Valle – Eur Magliana) è pari a 10.632 utenti in direzione Roma (si veda il grafico di seguito riportato).

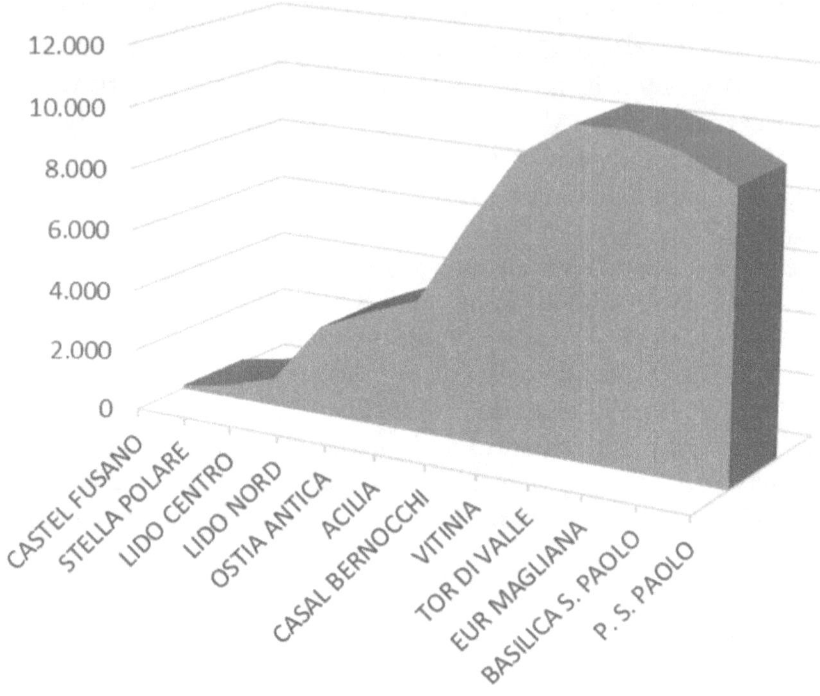

La stima, effettuata nel 2015, dei passeggeri trasportati ammonta a circa 18.300.000 utenti nell'anno.

Di seguito sono rappresentati i flussi nell'ora di punta della mattina diretti verso Ostia.

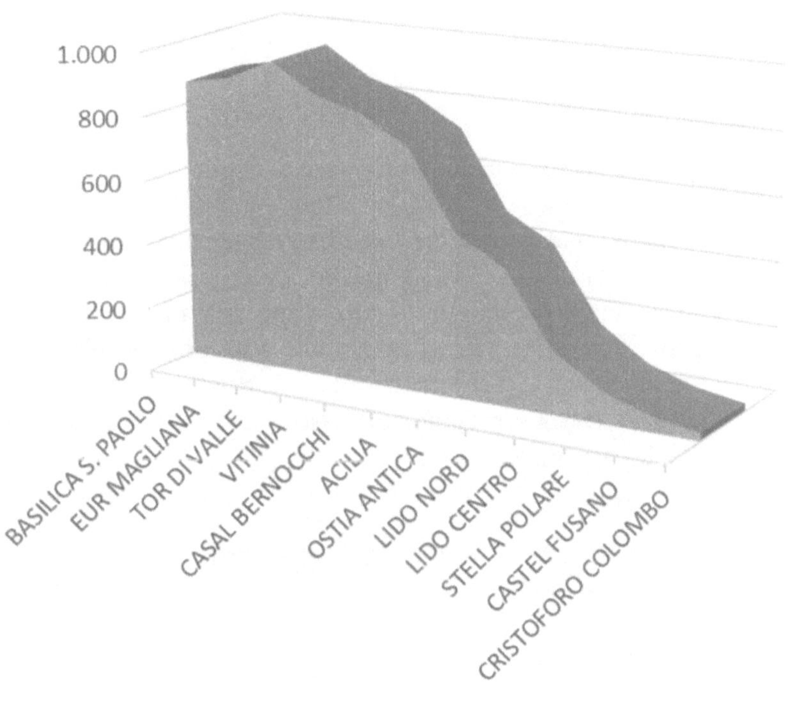

Modello di esercizio

La linea Roma – Ostia Lido basa il suo modello di esercizio su un servizio a spola tra le stazioni di testa della linea (Porta San Paolo – Cristoforo Colombo).

Le corse giornaliere programmate sono 178 dal lunedì al venerdì, 168 il sabato e 119 per la domenica e i festivi per una produzione annua di 1.689.232 treni*km.

Il servizio si articola su un orario che va dalle 5:08 alle 23:30 (il sabato fino alle 24:00) con frequenze che vanno dai 10' nella fascia di punta ai 15' nelle fasce di servizio di morbida (fonte CdS 2017-2019).

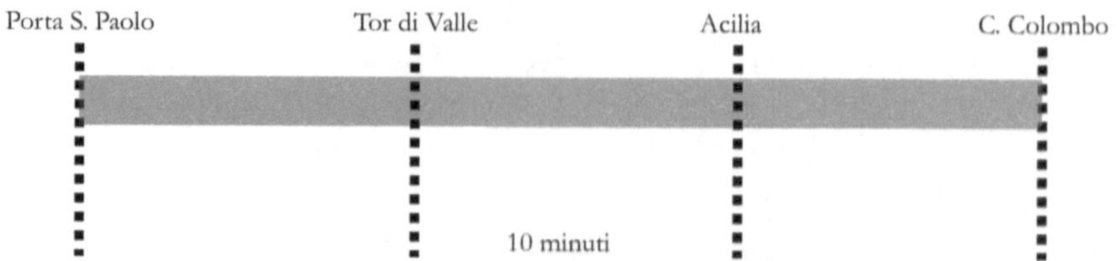

Il servizio necessita di 9 treni (riserve escluse) per l'esercizio dell'ora di punta.

Va sottolineato il gap considerevole che si determina confrontando l'offerta massima oraria di posti garantita dall'orario attualmente in vigore (7.200 passeggeri / ora per direzione, ipotizzando una frequenza di 1 treno ogni 10 minuti), che si otterrebbe supponendo un servizio regolare e senza ritardi né soppressioni, e la domanda di trasporto, specialmente nella tratta a maggior afflusso (Acilia – Porta S. Paolo), con oltre 10.000 passeggeri / ora.

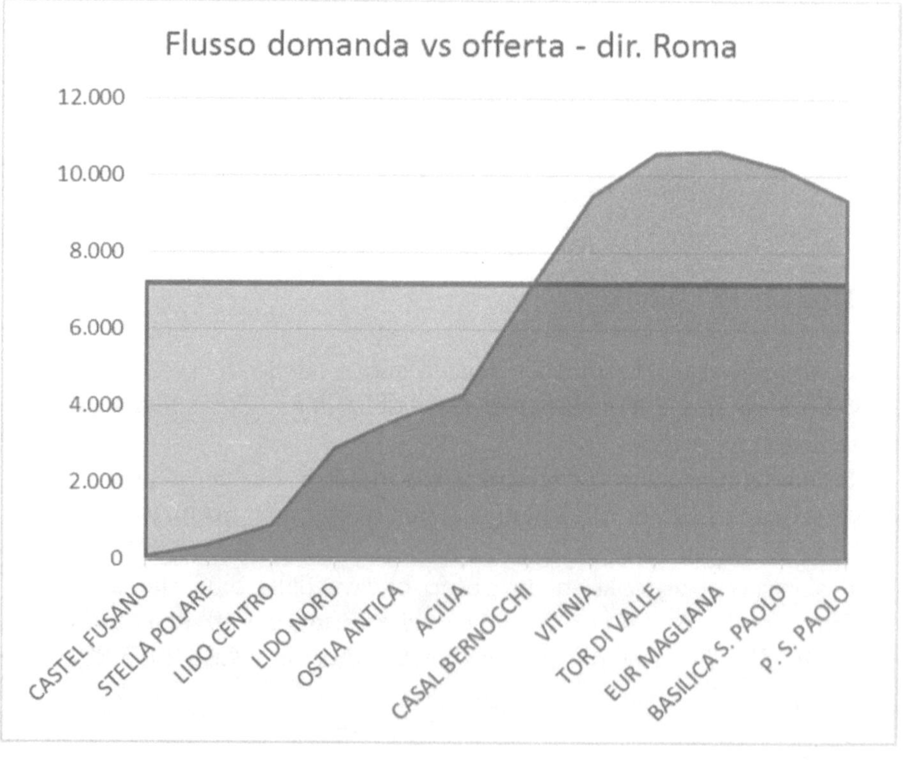

Il Contratto di Servizio

La Regione Lazio, in analogia con il contratto di TPL già sottoscritto con Roma Capitale, con Delibera della Giunta Regionale n. 840/2016, ha disposto l'affidamento diretto ad ATAC dei servizi ferroviari indicati della durata di due anni con decorrenza 1 gennaio 2017 fino al 31 dicembre 2019.

Il contratto ha per oggetto la gestione dei servizi di trasporto ferroviario di persone di interesse regionale e locale delle linee ferroviarie Roma-Lido di Ostia, Roma-Viterbo e Roma-Giardinetti, (limitatamente alla tratta Laziali-Centocelle), inclusa la gestione delle relative infrastrutture ferroviarie.

Il riconoscimento del corrispettivo contrattuale è commisurato alla quantità dei servizi erogati ovvero non erogati per cause esogene, al netto delle eventuali penali che il committente potrà richiedere in caso di mancato raggiungimento degli obiettivi di qualità del servizio indicati.

Dal punto di vista del corrispettivo contrattuale, la Regione ha individuato un corrispettivo congruo, avvalendosi di uno studio preliminare commissionato all'Università di Roma "La Sapienza". In base a ciò, il valore massimo atteso dei corrispettivi contrattuali è di 77.269.500 € (IVA esclusa) con un corrispettivo unitario al treno*km prodotto pari a 20,07 €, valido e uguale per tutte e tre le ferrovie (fonte CdS 2017-2019).

Nel contratto di servizio è stabilita la produzione annua massima relativa alla sola Roma Lido pari a 1.689.232 treni*km che corrisponderebbe ad un corrispettivo totale per il servizio della linea pari al massimo a 33.902.886 € l'anno.

Rimane da sottolineare che il corrispettivo utilizzato dal CdS in vigore dovrà essere adeguato a quanto stabilito dal DM157 del 28/03/2018 che ha finalmente definito la modalità di calcolo dei costi standard anche per la il trasporto ferroviario regionale.

L'applicazione del Decreto Ministeriale produrrà tre differenti valori di corrispettivo, ciascuno calcolato per il singolo servizio remunerato dal CdS.

Le criticità

La Roma –Lido è stata inclusa, per l'ennesimo anno consecutivo, tra le prime 10 linee pendolari peggiori d'Italia nel rapporto annuale 2017 redatto da Legambiente.

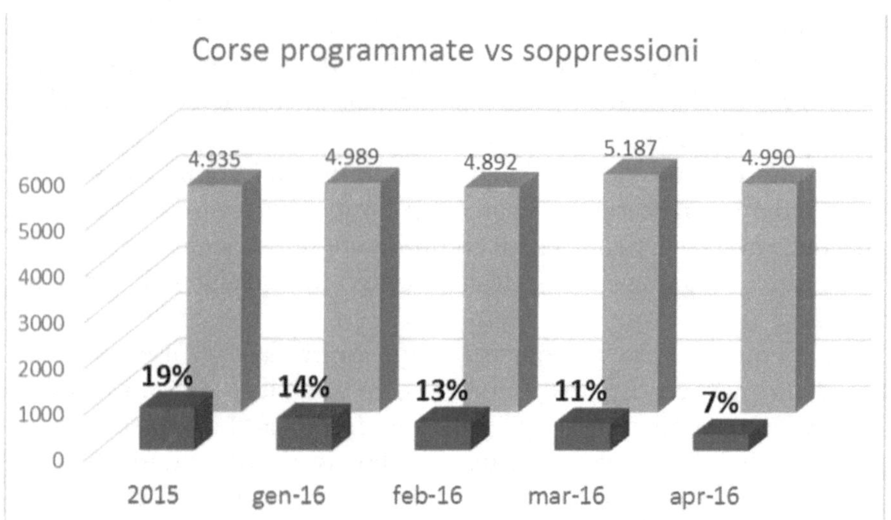

Come rappresentato negli istogrammi sopra riportati, nel 2015 le corse perse erano mediamente 929 al mese (circa il 20% del programmato), di cui circa il 50% dovute a mancanza di disponibilità di materiale rotabile e il 20% per carenza di personale macchinista.

Nei dati resi noti in occasione dell'Audizione di Atac presso il Senato del 25 Maggio 2016, si evince inoltre che, nei primi mesi del 2016, la maggior parte delle soppressioni erano dovute a mancanza o guasto di materiale rotabile (nell'80% circa dei casi nei mesi di gennaio, febbraio e marzo 2016, come si può vedere negli istogrammi di seguito rappresentati).

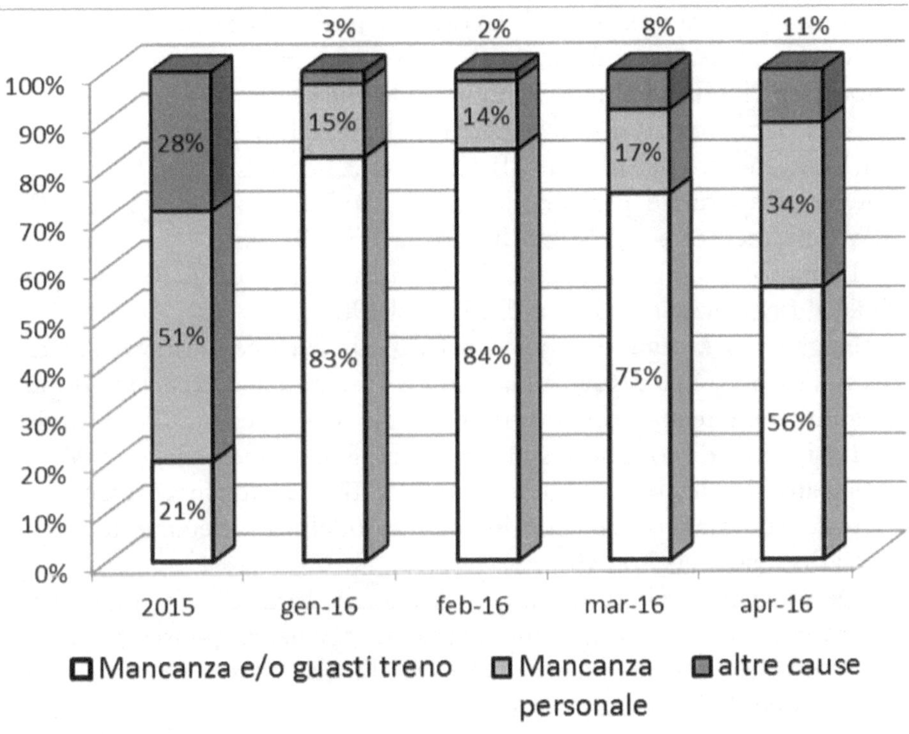

Lo stato dei materiali rotabili e delle infrastrutture, per effetto del debito conclamato di manutenzione straordinaria, produce conseguenze nefaste sull'esercizio.

Per la gestione degli investimenti e per il recupero del debito manutentivo sono indispensabili interventi pianificati e programmati in uno scenario pluriennale.

Solo a titolo di esempio si ricorda che l'ultimo rinnovo della linea elettrica di contatto risale agli anni '80 nel quale sono stati installati pali Mannesman e rinnovata la linea di tipo a catenaria semplice con sezione complessiva di 320 mm².

Le modifiche apportate alla composizione del parco rotabile, con l'introduzione delle vetture provenienti dalla metro A, ha cambiato le esigenze di assorbimento e quindi per garantire le piene prestazioni dei treni e un auspicato incremento della frequenza, è necessario un aumento della sezione della linea di contatto portandola almeno a 460 mm².

Inoltre la quota massima di lavoro dell'attuale linea aerea è diversa da quella utilizzata sulle linee A e B della metropolitana, questo impedisce l'interoperabilità dei treni tra le linee.

Si evidenzia che la distanza media fra le SSE della Roma-Lido è pari a 4,1 km, mentre per la Metro B tale distanza è di 2,26 km. Inoltre, la potenza disponibile per km di linea sulla Roma – Lido è di 0,87 MW/km, mentre per la Metro B è pari a 1,5 MW/km.

L'ultimo intervento strutturale sull'armamento della Roma Lido risale al finanziamento dei fondi FIO del 1984.

Negli anni a seguire sono stati eseguiti unicamente interventi di manutenzione, alcuni straordinari, per il sostegno al servizio ma dopo 25 anni risulta necessario un rinnovo totale della linea.

Il sistema discontinuo sulla ferrovia Roma Lido dei segnali è sussidiato da dispositivi "train stop" di tipo elettromeccanico per l'arresto automatico del treno in caso di indebito superamento degli stessi disposti a via impedita.

Detti dispositivi si basano sull'azionamento di un braccetto meccanico, posto a terra, vicino a ciascun segnale, che agisce per urto su apposite valvole pneumatiche di binario poste sul sistema pneumatico di frenatura dei rotabili.

E' necessario superare tale tecnologia con introduzione di boe di comando di tipo elettromagnetico a protezione dei segnali di arresto imperativi. Questo consentirebbe inoltre di avere la sagoma bassa dei veicoli completamente interoperabile con le linee A e B della metropolitana.

Riassumendo, le principali criticità attualmente riscontrabili sulla linea sono relative a:

Affidabilità materiale rotabile

- MA 200 azionamento – impianto pneumatico;
- CAF riduttori – climatizzazione.

Affidabilità infrastrutture

- Linea Aerea;
- Sottostazioni;
- Armamento;
- Opere Civili.

Ammodernamento impianti
- Telecomando;
- Informazioni al pubblico;
- Trasmissione dati.

Di seguito il set minimo di azioni più urgenti da intraprendere per ottenere un servizio affidabile, regolare e con un livello di confort accettabile.

Materiale rotabile:
- necessità di sostituzione delle ruote dei materiali rotabili CAF;
- revisione intermedia dei materiali rotabili CAF;
- acquisto di nuovo materiale rotabile dedicato alla linea;
- in particolare per la flotta MA200 occorre intervenire su:
  - sistema di trazione;
  - impianto pneumatico;
  - porte passeggeri;
  - accoppiatori;
  - climatizzazione;
  - revisione intermedia.

Infrastruttura
E' necessario procedere al:
- rinnovo degli impianti di stazione;
- rifacimento completo dell'armamento;
- realizzazione delle banchinette di emergenza e delle recinzioni;
- sostituzione della linea di contatto con catenaria rigida.

Deposito
- Razionalizzazione della capacità di stazionamento complessiva   del deposito per consentire l'immissione di nuovo   materiale rotabile;
- ricostruzione dell'impianto di soffiaggio sottocassa;
- ricostruzione dell'impianto di lavaggio;

- eliminazioni delle interferenze di ingresso/uscita dal deposito   fra linea B e Roma Lido;
- realizzazione di nuove sottostazioni elettriche dedicate alla Roma – Lido, una o più a seconda della funzione che si darà alla linea.

Infine, vanno sottolineate e ribadite le criticità relative al miglioramento dell'accessibilità della linea, conseguibile finalizzando ed ultimando i progetti e le realizzazioni di opere già parzialmente o completamente finanziate, come le fermate di Acilia Sud (comprensiva di sovrappasso ciclopedonale), le opere a Tor di Valle e le fermate di Torrino-Mezzocammino e Giardini di Roma.

Finanziamenti disponibili e disposizioni normative

L'art. 2 della **Legge 23 dicembre 1996, n. 662** stabilisce che "*a decorrere dal 1 gennaio 2000 le regioni potranno affidare in concessione, regolata da contratti di servizio, le gestioni ferroviarie ristrutturate (…) a società già esistenti o che verranno costituite per la gestione dei servizi ferroviari d'interesse regionale e locale, eventualmente compresi quelli attualmente in concessione.*". Viene sancito inoltre che "*le procedure attraverso le quali le regioni assumono la qualità di ente concedente nei confronti delle predette società verranno definite mediante accordi di programma tra il Ministero dei trasporti e della navigazione e le regioni interessate, entro il mese di giugno 1999. Tali accordi definiranno il trasferimento dei beni, degli impianti e dell'infrastruttura delle gestioni commissariali governative a titolo gratuito alle regioni.*"

L'art. 8 del **D.Lgs. 422/1997** e ss.mm.ii. (il "Decreto Trasporti"), recante la disciplina relativa al conferimento alle regioni e agli enti locali di funzioni e compiti in materia di trasporto pubblico locale, stabilisce che le regioni subentrano allo Stato, quali concedenti delle ferrovie di interesse regionale e locale non in concessione a Ferrovie dello Stato S.p.a., sulla base di accordi di programma.

A norma del comma 4 di detto articolo, tali accordi definiscono "*il trasferimento dei beni, degli impianti e dell'infrastruttura a titolo gratuito alle regioni sia per le ferrovie in ex gestione commissariale governativa (…) sia per le ferrovie in concessione a soggetti diversi dalle Ferrovie dello Stato S.p.a. Tali beni sono trasferiti al demanio ed al patrimonio indisponibile e disponibile delle regioni, e, in relazione alla loro natura giuridica, possono essere dalle regioni dismessi, sdemanializzati o sottratti alla loro destinazione, previa intesa con il Ministero dei trasporti e della navigazione(…)"*

Il comma 4-ter stabilisce che *"le regioni hanno la facoltà, previa intesa con il Ministero del tesoro, del bilancio e della programmazione economica, di trasferire alle Ferrovie dello Stato S.p.a. i beni, gli impianti e l'infrastruttura di cui al comma 4, fermo restando la natura giuridica dei singoli beni."*

Il comma 6-bis sancisce che *"lo Stato e le regioni possono concludere, d'intesa tra loro, accordi di programma con le Ferrovie dello Stato S.p.a. per l'affidamento alle stesse della costruzione, ammodernamento, manutenzione e relativa gestione delle linee ferroviarie locali concesse e gia' in gestione commissariale governativa di rilevanza per il sistema ferroviario nazionale."*

L'art. 15 del Decreto Trasporti, nell'ambito della programmazione di investimenti, stabilisce, infine, che *"con accordi di programma in materia di investimenti si individuano: a) le opere da realizzare e i mezzi di trasporto, incluso il materiale rotabile ferroviario, da acquisire; b) i tempi di realizzazione in funzione dei piani di sviluppo dei servizi; c) i soggetti coinvolti e loro compiti; d) le risorse necessarie, le loro fonti di finanziamento certe e i tempi di erogazione; e) il periodo di validità"*. Tali accordi sono sottoscritti dal Ministro delle Infrastrutture e dei Trasporti (il "MIT") e dalla regione interessata, nonché dai presidenti delle province, dai sindaci e dai presidenti delle comunità montane direttamente coinvolti nella realizzazione delle opere.

Il 20 maggio 2016 la Regione Lazio sottoscriveva il **Patto per il Lazio**. Con la Delibera Cipe 56 del 1 dicembre 2016 sono stati assegnati alla Regione Lazio 609,85 mln, per gli interventi afferenti l'area tematica «Infrastrutture» già assegnati con la delibera avente per oggetto l'approvazione del Piano operativo infrastrutture.

Con la Delibera Cipe 54 del 1 dicembre 2016 è stato approvato il Piano operativo infrastrutture (art. 1, comma 703, lettera c) della legge n. 190/2014). (Delibera n. 54/2016).

Nell'allegato della Delibera Cipe 54 del 1 dicembre 2016 a pag. 56 sono stati riportati i finanziamenti per la Roma Lido (180 mln €).

Lazio	Interventi per il potenziamento del trasporto rapido di massa nelle aree urbane e metropolitane, completamenti di itinerari già programmati/nuovi itinerari.	Ferrovia Roma - Lido.	180,00

La Deliberazione della **Giunta Regionale 765/2016** ha approvato uno schema di accordo di programma tra la Regione Lazio stessa, il Ministero delle Infrastrutture e dei Trasporti e la società Rete Ferroviaria Italiana S.p.A. *"per l'affidamento della gestione delle infrastrutture ferroviarie regionali Roma-Lido di Ostia e Roma-Civita Castellana-Viterbo a RFI S.p.A. ai fini del progressivo adeguamento agli standard ferroviari nazionali e successivo inserimento nel perimetro dell'Infrastruttura Ferroviaria Nazionale"*. Con tale affidamento si vuole perseguire l'integrazione e gestione unitaria delle linee Roma-Ostia e Roma-Viterbo nell'ambito dell'Infrastruttura Ferroviaria Nazionale per assicurare standard uniformi di sicurezza, efficienza e sviluppo.

L'Autorità Garante della Concorrenza e del Mercato (AGCM) ha pubblicato, in data 29 maggio 2017, il parere rivolto al Presidente della Regione Lazio (AS1375). L'Autorità ha rilevato che il quadro normativo vigente osta alle modalità perseguite dalla Regione per procedere all'assegnazione a RFI delle infrastrutture delle linee in oggetto e loro integrazione nell'IFN. **La Regione Lazio ha pertanto proceduto alla sospensione della delibera 765/2016.**

La **Legge 21 giugno 2017, n. 96**, ovvero la conversione in legge, con modificazioni, del decreto-legge 24 aprile 2017, n. 50, recante *"disposizioni urgenti in materia finanziaria, iniziative a favore degli enti territoriali, ulteriori interventi per le zone colpite da eventi sismici e misure per lo sviluppo. (17G00112)"* all'art. 47 stabilisce che *"Rete Ferroviaria Italiana S.p.A. è individuata quale unico soggetto responsabile della realizzazione dei necessari interventi tecnologici da realizzarsi sulle stesse linee regionali."*

Al comma 4 si aggiunge che *"le Regioni territorialmente competenti, i gestori delle linee regionali e Rete Ferroviaria Italiana S.p.A. possono altresì concludere accordi e stipulare contratti per disciplinare la realizzazione di interventi diversi da quelli previsti al comma 1, ovvero il subentro della medesima Rete Ferroviaria Italiana S.p.A. nella gestione delle reti ferroviarie regionali , ivi comprese quelle classificate di rilevanza per la rete ferroviaria nazionale".*

Il comma 5, infine, stabilisce che *"con uno o più decreti del Ministro delle infrastrutture e dei trasporti, di concerto con il Ministro dell'economia e delle finanze, previa intesa con la singola regione interessata (…) sono individuate, tra quelle di cui al comma 3, le linee che assumono la qualificazione di infrastruttura ferroviaria nazionale (…) Tali linee sono trasferite, a titolo gratuito, al Demanio ed al patrimonio indisponibile e disponibile dello Stato ai fini del contestuale trasferimento, mediante conferimento in natura, al gestore dell'infrastruttura ferroviaria nazionale che ne assume la gestione nell'ambito del contratto di servizio con lo Stato."*

Il **Decreto 16 aprile 2018**: *"Individuazione delle linee ferroviarie regionali di rilevanza per la rete ferroviaria nazionale"* presenta, al comma 2, il primo elenco di linee ferroviarie regionali che assumono <u>rilevanza per la rete ferroviaria nazionale</u> e che possono essere destinatarie di finanziamenti dello Stato per eventuali investimenti sulle linee.

Roma-Lido	ATAC	ATAC	Lazio
Roma-Civitacastellana-Viterbo	ATAC	ATAC	Lazio

Grazie al Decreto 16 aprile 2018, la Regione Lazio si trova nella condizione di poter scegliere tra la riattivazione della Deliberazione della Giunta Regionale 765/2016 (precedentemente sospesa per il parere AGCM) che affidava la manutenzione dell'infrastruttura della Roma – Lido a RFI e l'indizione di una gara per la realizzazione degli interventi infrastrutturali finanziati con il Patto per il Lazio.

La Regione Lazio sembrerebbe aver scelto una terza strada ovvero quella di destinare i 180 mln € del Patto per il Lazio esclusivamente al rinnovo del parco rotabile, infatti, il 5 marzo 2018, la Regione Lazio ha pubblicato in **G.U. una "Procedura ristretta, ai sensi dell'articolo 61, D. Lgs. n. 50/2016,** finalizzata alla conclusione di un accordo quadro con un operatore economico per l'affidamento di un appalto di fornitura di nuovi treni da adibire al trasporto pubblico per le ferrovie regionali Roma – Lido di Ostia e Roma – Civita Castellana – Viterbo.". In particolare, *"l'Accordo Quadro riguarda la fornitura di un* *numero massimo di 38 convogli ferroviari di tipo metropolitano con la seguente configurazione: - massimo 20 convogli a 6 casse intercomunicanti per la ferrovia regionale Roma – Lido di Ostia con una lunghezza compresa tra 105 e 108 m, una larghezza di 2,85 m e alimentazione elettrica a 1,5 KV c.c.";*

Conformemente a quanto previsto dalla delibera CIPE 25 del 10 agosto 2016, le obbligazioni giuridicamente vincolanti dovranno essere assunte entro il termine ultimo del 31 dicembre 2019.

Di seguito è riportato un sinottico che esemplifica tutta la normativa che è stata discussa in questo paragrafo.

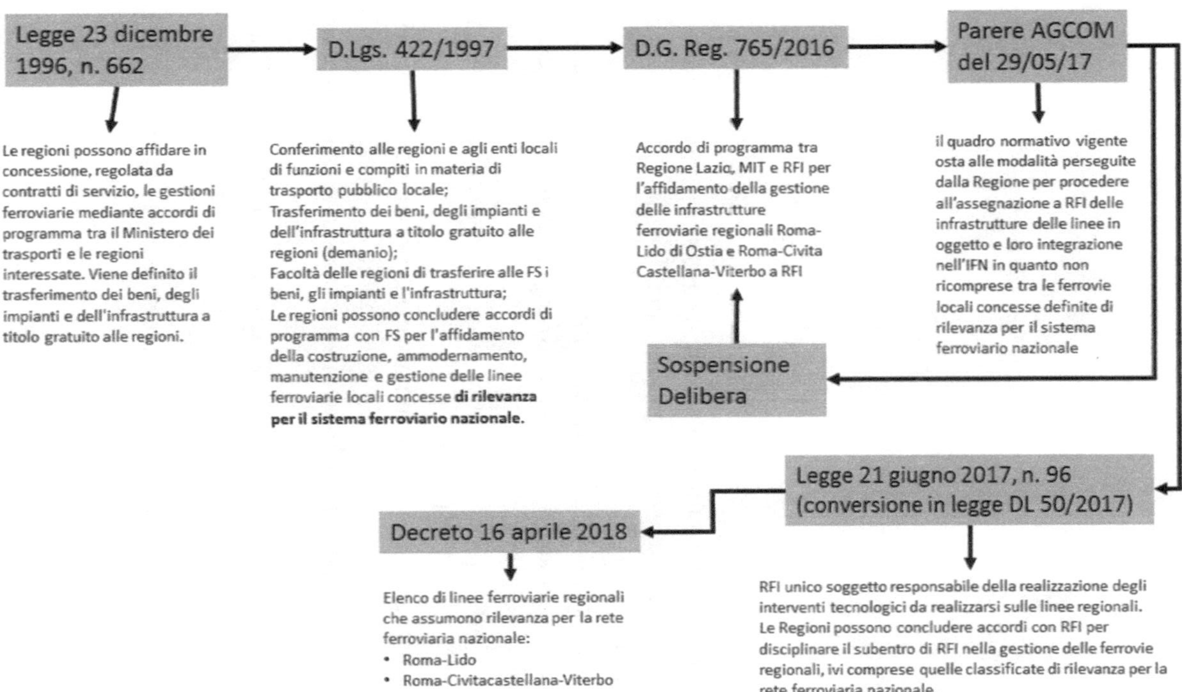

Legge 23 dicembre 1996, n. 662

Le regioni possono affidare in concessione, regolata da contratti di servizio, le gestioni ferroviarie mediante accordi di programma tra il Ministero dei trasporti e le regioni interessate. Viene definito il trasferimento dei beni, degli impianti e dell'infrastruttura a titolo gratuito alle regioni.

D.Lgs. 422/1997

Conferimento alle regioni e agli enti locali di funzioni e compiti in materia di trasporto pubblico locale;
Trasferimento dei beni, degli impianti e dell'infrastruttura a titolo gratuito alle regioni (demanio);
Facoltà delle regioni di trasferire alle FS i beni, gli impianti e l'infrastruttura;
Le regioni possono concludere accordi di programma con FS per l'affidamento della costruzione, ammodernamento, manutenzione e gestione delle linee ferroviarie locali concesse di rilevanza per il sistema ferroviario nazionale.

D.G. Reg. 765/2016

Accordo di programma tra Regione Lazio, MIT e RFI per l'affidamento della gestione delle infrastrutture ferroviarie regionali Roma-Lido di Ostia e Roma-Civita Castellana-Viterbo a RFI

Parere AGCOM del 29/05/17

il quadro normativo vigente osta alle modalità perseguite dalla Regione per procedere all'assegnazione a RFI delle infrastrutture delle linee in oggetto e loro integrazione nell'IFN in quanto non ricomprese tra le ferrovie locali concesse definite di rilevanza per il sistema ferroviario nazionale

Sospensione Delibera

Legge 21 giugno 2017, n. 96 (conversione in legge DL 50/2017)

RFI unico soggetto responsabile della realizzazione degli interventi tecnologici da realizzarsi sulle linee regionali.
Le Regioni possono concludere accordi con RFI per disciplinare il subentro di RFI nella gestione delle ferrovie regionali, ivi comprese quelle classificate di rilevanza per la rete ferroviaria nazionale.

Decreto 16 aprile 2018

Elenco di linee ferroviarie regionali che assumono rilevanza per la rete ferroviaria nazionale:
• Roma-Lido
• Roma-Civitacastellana-Viterbo

4. LA PROPOSTA DI PEF

Di nuovo i francesi. Dopo 86 anni i francesi tornavano ad occuparsi della Roma Lido. Questa volta non intendevano "sperimentare" ma ristrutturare e gestire.

I francesi della RATP misero insieme un raggruppamento di imprese, alcune di alto livello tecnico/ingegneristico e di comprovata esperienza nel settore ferroviario.

Formularono "spontaneamente" una "proposta" complessa con la formula del Project Financing.

Se fossimo ancora in tempi di italianizzazione, viste le esperienze di applicazione di quella formula nel nostro Paese, si potrebbe tradurre in "Provo a Fare" (ma i verbi con la iniziale F sono molto intercambiabili ed adattabili ai "casi").

I francesi fecero un grande lavoro di lobbying per la F che ritenevano giusta su ogni singolo Consigliere Regionale e Senatore, ma non si aprì mai un vero dibattito-confronto nel merito.

Ci fu una generale ed epta-partisan atmosfera alla camomilla, quella atmosfera ovattata e molto english che si determina quando la politica non ha gli strumenti per comprendere il merito, o non vuole decidere, o pensa di aver già deciso.

Provarono a rompere quell'atmosfera due ex consiglieri di Roma Capitale, De Luca e Policastro, con ripetute dichiarazioni alla caffeina, e una mattina del 2015 furono trovati a fare volantinaggio contro la proposta francese sotto la sede di ATAC in Via Prenestina.

Dichiarazioni, commenti e articoli prescindevano dal merito.

E invece, al merito della proposta si deve rimanere (costi-benefici), si deve discutere del merito evitando tifoserie e preconcetti, proprio per questo una breve ricostruzione, come quella che segue, può essere utile.

Il 30 Giugno 2014 è stata consegnata agli uffici della Regione Lazio – Dir. Regionale Territorio, Urbanistica, Mobilità e Rifiuti. Area Trasporto ferroviario e impianti fissi, dal raggruppamento proponente (Ansaldo STS Spa, Ansaldo Breda Spa, Ratp Dev Italia Srl, Salcef Spa, Cilia Italia Srl, Architecna Engineering Srl), una *"Proposta di affidamento in concessione ai sensi dell'Art. 153 c.19 DEL D.Lgs. n.163/2006 della progettazione, costruzione e gestione della ferrovia Roma-Ostia Lido"*

Macro-numeri caratterizzanti la proposta di Project Financing

- durata concessione 25 anni: 4 anni di Gestione Intermedia (durante i quali viene realizzato il progetto di riqualificazione e potenziamento della ferrovia e vengono consegnati i nuovi materiali rotabili) + 21 anni di Gestione Definitiva;
- totale investimenti 447 mln € (al netto di IVA), di cui 219 mln € richiesti alla Regione come contributo pubblico (49% degli investimenti);
- Canone Annuo da corrispondere: 44 mln € per i primi 4 anni, 78 mln € per i successivi 21 anni; il contratto è gross cost (valore degli introiti stimato dal proponente, a sistema tariffario Metrebus inalterato: da 11 mln € in fase di Gestione Intermedia fino a un massimo di 20 mln € al termine della concessione)
- Costo operativo annuo d'esercizio/treno*km stimato = da 24,48 (primo anno) a 27,89 (ultimo anno) €/treno*km;
- Utile netto previsto da Conto Economico allegato al PEF: da 1,7 mln € (primo anno) fino a un max di 18,5 mln € nel 20-esimo anno, per poi decrescere fino a 5,3 mln € nell'ultimo anno.

Considerazioni sul Progetto Preliminare

Il progetto preliminare prevedeva l'ammodernamento ed il potenziamento dell'intera linea, il restyling delle stazioni (esclusa la stazione Tor di Valle, in quanto era in corso un progetto di riqualificazione già appaltato, ed esclusa la nuova stazione di Acilia Sud, che sarebbe stata consegnata al concessionario una volta ultimati i lavori di realizzazione) e l'acquisto di materiale rotabile innovativo, che avrebbe sostituito il materiale esistente in modo graduale, già a partire dai 4 anni di Gestione Intermedia. All'avvio della Gestione Definitiva, il materiale esistente sarebbe stato interamente sostituito e riconsegnato al concedente. Per le opere previste dal Progetto si sarebbe inoltre verificata la compatibilità con l'intervento di "Potenziamento del sistema di alimentazione e del deposito Magliana della linea B", il cui iter è tuttora in corso presso il Dipartimento Mobilità e Trasporti di Roma Capitale.

Gli interventi previsti permettevano di portare la frequenza della linea ad un massimo di un passaggio ogni 6 minuti nell'ora di punta, con frequenza minima durante l'arco della giornata pari a un passaggio ogni 15 minuti.

Interventi previsti

Nel dettaglio, erano previsti i seguenti interventi:
1. Restyling stazioni (costo da quadro economico 16,6 mln €): Gli interventi previsti consistevano essenzialmente nella ristrutturazione degli ambienti, delle facciate e delle banchine, nel rinnovo completo degli impianti elettrici, idrici, di condizionamento e antincendio oltre a un restyling generale per rendere univoca l'immagine della linea, uniformando materiali e colori.
   Commento: è dubbia la reale necessità di rifare completamente tutti gli impianti, visto che alcune stazioni non hanno più di quindici anni. Inoltre, il sistema anti-evasione è costituito da un doppio tornello (in entrata e in uscita). Il tempo di passaggio del singolo utente è stimato in circa 5 secondi. Risulta quindi che, nell'ora di punta e nelle stazioni di massimo flusso passeggeri in uscita, tale durata

potrebbe comportare il formarsi di code, con evidenti rischi sulla sicurezza dei passeggeri.

2. Opere civili di linea e puntuali (costo da quadro economico 28,3 mln €): lungo la linea era prevista la sostituzione, il ripristino o la nuova realizzazione della recinzione di protezione della linea e la realizzazione di una canaletta passacavi pedonabile, con la doppia funzione di camminamento per il personale di manutenzione e nuovo alloggiamento per i cavi elettrici degli impianti. Altri interventi puntuali consistevano nella ristrutturazione dei cavalcavia mediante pulizia da piante infestanti, messa in sicurezza dei parapetti e ripristino delle parti strutturali deteriorate. Non erano previsti interventi nelle gallerie o nelle passerelle pedonali esistenti.
    Commento: l'importo a quadro economico non sembra coerente con la tipologia di opere preventivate.

3. Sottostazioni elettriche ed alimentazione stazioni (costo da quadro economico 23,1 mln €): era prevista la realizzazione di 4 nuove sottostazioni elettriche e lo spostamento e l'adeguamento della SSE di Vitinia. Erano inoltre oggetto di nuova realizzazione anche le alimentazioni elettriche di tutte le stazioni.
    Commento: la realizzazione delle nuove SSE è indispensabile per il potenziamento della linea, anche se si rilevano possibili criticità nel conseguire i permessi necessari alla messa in opera delle 2 SSE di Mercati Generali e del Deposito di Magliana (l'iter autorizzativo è comunque demandato al concedente). Non è chiara infine la reale necessità di realizzare ex-novo gli impianti di stazione.

4. Segnalamento (costo da quadro economico 43,5 mln €): la proposta prevedeva l'introduzione di un nuovo sistema di segnalamento per la marcia e regolazione dei treni di ultima generazione denominato "Communications-Based Train Control" (CBTC). Tale sistema di controllo utilizza la logica del blocco mobile, superando quella delle sezioni di blocco,

il che permette di ridurre significativamente il distanziamento dei treni consentendo di raggiungere frequenze elevate, con la contemporanea dismissione dell'attuale segnalamento.

Commento: L'introduzione di un sistema così evoluto di segnalamento è sicuramente un'innovazione tecnologica apprezzabile ma presuppone, a fronte del cospicuo investimento, l'intenzione di voler offrire frequenze di esercizio elevate, sicuramente migliori dei 6 minuti di intervallo minimo stabiliti nel progetto per l'esercizio a regime.

5.   Rinnovo armamento (costo da quadro economico 42,6 mln €): erano previsti la sostituzione di tutti i binari, traversine e scambi di linea e di stazione, fatta eccezione per quelli del deposito e per i binari di precedenza delle stazioni, e il risanamento della massicciata.

6.   Materiale rotabile (costo da quadro economico 172,6 mln €): non è chiaro il numero di materiali rotabili che verranno forniti (ci sono dati e ipotesi discordanti).

Altri commenti:

a)   Attività di Officina e deposito: si richiedeva che il concessionario potesse avere l'uso esclusivo di 7 binari e l'uso promiscuo di altri 2; questo avrebbe però lasciato ad ATAC i restanti 7 ad uso esclusivo. Dato che i materiali della metro B sono attualmente 39 (con previsione di incremento), ATAC avrebbe avuto un rapporto treni/binari pari a 5.5 (decisamente insufficiente), mentre il concessionario avrebbe ottenuto un rapporto pari a 2.57 (decisamente migliore);

b)   Personale: la proposta prevedeva, "al fine del mantenimento dell'occupazione e la salvaguardia dei livelli occupazionali", il trasferimento del personale "funzionale all'esercizio" dall'attuale gestore al concessionario. Tra le figure professionali individuate per il trasferimento, tuttavia, non figurava il personale addetto alla manutenzione dei rotabili e della linea.

Considerazioni sul PEF

1. Allocazione dei rischi: il rischio traffico è allocato in capo all'ente pubblico. La maggior parte dei rischi, in un'operazione di questo tipo, dovrebbe essere invece allocata sul soggetto privato, in particolare il rischio di costruzione e il rischio di disponibilità dell'infrastruttura. In questo modo, nel caso in cui il livello quali-quantitativo del servizio risultasse inferiore al livello contrattualizzato per fatto imputabile al gestore, l'impatto delle penali dovrà ricadere solo sul privato. In generale, risulta che nella proposta di affidamento in concessione, obblighi, richieste e penali tra concessionario e concedente risultino a netto favore del concessionario.

2. Costo totale a carico della collettività: la realizzazione degli interventi sopra descritti richiede un contributo pubblico da parte della Regione pari a 219 mln €, a fronte di un investimento da parte dell'ATI pari a 228 mln €.
    Tuttavia, nella fase di gestione è previsto un canone annuo pari a 44 mln € / anno nella fase di gestione intermedia (di durata quadriennale), seguita dalla fase di gestione a regime dove è richiesto un canone annuo pari a 78 mln €. Il corrispettivo della Regione Lazio per la Roma Lido da bilancio 2015 è invece pari a 28,13 mln € (netto IVA).
    Nella tabella seguente si riportano i dati sopra descritti, considerando l'ammontare complessivo del contributo pubblico richiesto nell'orizzonte temporale dei 25 anni di durata della concessione.

Investimenti (mln €)	
ATI	228
Regione	219
Totale investimenti	447

Canone annuo (mln €)	
Gestione intermedia (4 anni)	44
Gestione a regime (21 anni)	78
Totale Canoni x 25 anni	1.814

Totale contributo pubblico (mln €)	**2.033**
Contributo ATI	228

3.   Pianificazione futura nell'area interessata all'intervento: nel documento di presentazione della proposta di affidamento, si affermava infine che: "Il Concedente inoltre si impegna a non realizzare o far realizzare infrastrutture che determinino una diminuzione del traffico rispetto alle stime previste nella Relazione Trasportistica." L'impressione è che il concessionario cercasse di intervenire sulle scelte di pianificazione territoriale e della mobilità, per garantirsi la possibilità di potenziamento e prolungamento della linea, a discapito di altre infrastrutture concorrenti; non essendo il rischio da traffico allocato sul concessionario, tra l'altro, il fatto che altre infrastrutture di mobilità avrebbero perturbato i carichi trasportistici della linea in oggetto, non sarebbe dovuto essere di interesse del concessionario, semmai del concedente.

5. LA ROMA – LIDO E LO STADIO

Alla disgraziatissima cesso-ferrovia Roma – Lido, si presentò un'occasione straordinaria e unica: la realizzazione dello Stadio a Tor di Valle.

Se si pensa di realizzare uno stadio a poche centinaia di metri da una ferrovia e da una stazione, le persone con tutte le sinapsi a posto, ovviamente pensano di utilizzare quella ferrovia e quella stazione.

No, troppo semplice.

Invece di potenziare la Roma – Lido, si progetta il prolungamento della Metro B da Eur Magliana fino a Tor di Valle con un ramo B2.

Perché? Perché? Mistero?

Con la scelta del prolungamento della metro aumentavano i costi. ma soprattutto si ammazzava definitivamente ed inesorabilmente la frequenza della B-B1 producendo un danno per l'intera città.

Roma ha una "X" composta da Metro A e Metro B.

Trasformare la Metro B in due Y, la prima Y da Termini a Jonio e Rebibbia (B-B1), e la seconda Y (B-B2) da Termini a Laurentina e Tor di Valle, nelle condizioni date, non aveva senso, e riduceva il tutto ad una specie di sindrome cromosomica sulla quale si dovrebbe continuare ad indagare.

Quindi, la proposta di trasformazione della Roma – Lido in metropolitana, abbandonando le ipotesi relative alla Metro B, ha significato innanzitutto la difesa di una prospettiva di mobilità su ferro ed in secondo luogo che non si riproducesse l'errore della diramazione della Metro B realizzata a Bologna e non a Tiburtina.

Il ferro senza cura e un ferro pensato male e realizzato peggio.

Lo Stadio della A.S. Roma

La Deliberazione di Assemblea Capitolina n. 132 del 22/12/2014, denominata *"Stadio della Roma a Tor di Valle" - Studio di fattibilità. Dichiarazione di pubblico interesse della proposta, ai sensi della legge n. 147/2013, art. 1, c. 304, lett. a."* ha deliberato la realizzazione del nuovo stadio della Roma a Tor di Valle, ad alcune condizioni, tra cui il *"potenziamento dell'offerta di trasporto pubblico su ferro a servizio dell'area di Tor di Valle e della città con frequenza di 16 treni/ora nelle fasce orarie di punta giornaliere, prioritariamente attraverso il prolungamento della linea B della Metro fino a Tor di Valle, costo stimato di 50,45 milioni di Euro, e contestuale potenziamento della ferrovia Roma Lido prevedendo tutti gli interventi di ammodernamento e di attrezzaggio necessari al raggiungimento del livello di esercizio di cui sopra, con l'adeguamento della nuova stazione in corso di realizzazione da parte di ATAC e la realizzazione di un collegamento ciclo/pedonale con la stazione ferroviaria di Magliana sulla linea FL1, costo stimato di 7,5 milioni di Euro"*.

Il Progetto Definitivo Tor di Valle/Stadio AS Roma è stato elaborato in data 28 aprile 2016, e prevedeva che i convogli della Metro B-B1 giungessero alla Stazione di Tor di Valle con un percorso parallelo a quello attuale della Roma Lido. I treni provenienti dalla stazione di Eur Magliana avrebbero lasciato la Linea B percorrendo il salto di montone attualmente ad uso esclusivo per l'accesso al Deposito di Magliana per poi proseguire la marcia utilizzando l'attuale binario di prova, interno al Deposito, opportunamente affiancato da un altro binario, onde consentire la circolazione indipendente nelle due direzioni di marcia, raggiungendo così Tor di Valle con una nuova coppia di binari affiancati a quelli della Roma - Lido.

Le principali criticità allora riscontrate si fondavano su molteplici aspetti, tra i quali:
1. la configurazione infrastrutturale proposta impegnava i binari di accesso al Deposito, ora utilizzati esclusivamente per l'ingresso / uscita dal Deposito, anche per il normale esercizio della linea, non consentendo quindi un adeguato scambio con il Deposito né per la Roma Lido, né per la Metro B-B1, e producendo interferenze con la regolarità dell'esercizio.

L'esercizio di una linea metropolitana, infatti, coinvolge continuamente anche il Deposito; non solo per le operazioni di avvio del servizio all'apertura della linea al mattino e per la chiusura serale, ma anche durante la giornata ad ogni cambio livello di servizio. Nei periodi di passaggio dall'ora di punta alla morbida e viceversa, ad esempio, ci sono alcuni treni che devono rientrare in Deposito o uscire in linea per rafforzare il servizio.

Per quanto riguarda gli aspetti gestionali, il prolungamento della Metro B-B1 sanciva la creazione di un ramo "B2" della metropolitana, dopo quello denominato "B1" inaugurato nel 2012 fino a Conca d'Oro. L'impatto della realizzazione di una seconda diramazione sulla metro B sarebbe stato estremamente negativo a livello di effetti trasportistici sull'intera linea metropolitana e comunque non avrebbe garantito frequenze tali da giustificare il pubblico interesse. Sarebbe stato infatti possibile il mantenimento di frequenze elevate solo sulla tratta in comune Bologna – Eur Magliana, ma non sulle singole diramazioni. Si avrebbe avuto, rispetto ad oggi, un notevole decremento delle frequenze nel ramo terminale Eur Magliana – Laurentina (Laurentina è considerato nodo di scambio strategico nei piani di sviluppo del Comune di Roma; presso Laurentina è previsto anche il futuro attestamento del corridoio della mobilità per Trigoria – Tor de' Cenci), con impatti negativi sull'utenza abituale.

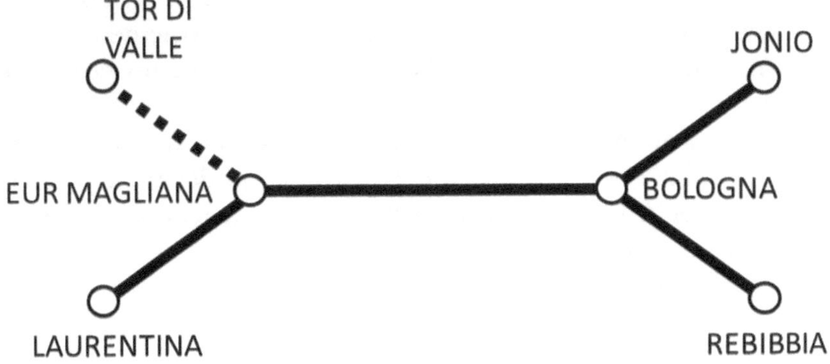

Durante gli eventi calcistici, questo avrebbe comportato l'abbattimento del servizio tra Eur Magliana e Laurentina, con pesanti ripercussioni su tutto il bacino dell'Eur.

Pur spingendo la frequenza a livelli più elevati dell'attuale (con notevole incremento del parco rotabili e del numero di macchinisti necessari, quindi dei costi sia di investimento, sia operativi per Roma Capitale, non contemplati nel progetto), non si sarebbe potuto scendere sotto i 3 minuti sulla tratta in comune, a meno di non procedere all'avvio di un processo di automazione almeno di livello 2 (semi-automazione che prevede la presenza a bordo del macchinista per le sole operazioni di apertura e chiusura porte) che consentirebbe di ottimizzare la regolazione del servizio migliorandone le prestazioni, con frequenze max di 90 secondi).

L'aggiornamento da parte del proponente del Progetto Definitivo datato 21 dicembre 2016 ha abbandonato l'idea del prolungamento della Metro B-B1 per puntare, invece, ad un potenziamento della Roma-Lido. Nello *"Studio di fattibilità – Relazione descrittiva della capacità di trasporto della Roma Lido"* si legge infatti che *"la possibilità invece di considerare la capacità offerta dall'intera rete su ferro (e quindi anche quella offerta dalla vicina FL1), insieme ad eventuali scenari di sensitività su capacità dello stadio e dei suoi connessi tempi di esodo, rendono praticabili gli approfondimenti oggetto del presente studio, tesi a valutare la possibilità del potenziamento della Roma Lido quale preferenza per il raggiungimento dell'obiettivo programmatico alla base della Delibera"*.

La nuova proposta capovolge di fatto l'originaria impostazione: la Roma Lido non è più l'infrastruttura di supporto (insieme alla FL1), ma l'infrastruttura principale di collegamento con lo stadio, con la FL1 e la Metro B a supporto.

Il progetto propone la realizzazione, sull'infrastruttura della Roma-Lido, di 3 binari per attestamento ed inversione dei treni presso la Stazione di Tor di Valle, grazie ai quali è possibile realizzare un servizio a doppio anello così articolato:

- ANELLO CORTO Porta S. Paolo – Tor di Valle 4', 15 treni/ora esercito con 8 materiali;
- ANELLO LUNGO Porta S. Paolo – Colombo 12', 5 treni/ora esercito con 7 materiali.

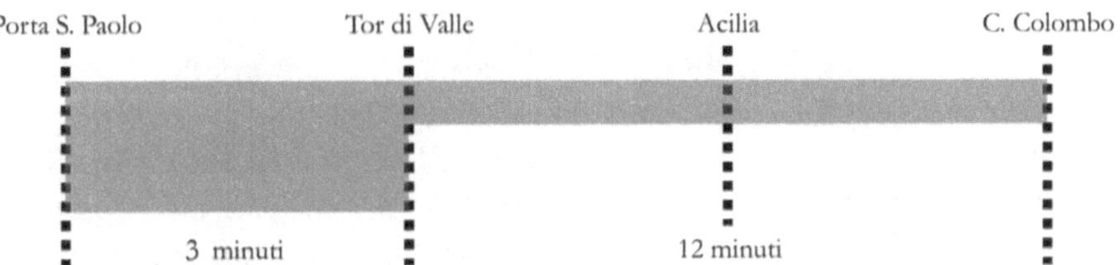

Con una capacità massima da Tor di Valle - direzione centro - di circa 22500 pax/h per senso di marcia pari a 20 treni/h e un intervallo di passaggio cumulato pari a 3'.

L'offerta di trasporto a "doppio anello" corrisponde alle necessità connesse alla realizzazione dello Stadio, ma può rappresentare anche l'occasione di una revisione del modello di esercizio della linea che può essere organizzato avendo a riferimento la domanda, e quindi in futuro, riarticolato anche su tre anelli: Porta San Paolo – Tor di Valle, Porta San Paolo - Acilia e Porta San Paolo – Cristoforo Colombo.

L'Ordine del giorno n. 70 dell'Assemblea Capitolina del 23 marzo 2017, collegato al dibattito sulla realizzazione dell'impianto calcistico su proposta A.S. Roma a Tor di Valle, ha dato seguito alle dichiarazioni rilasciate dalla Sindaca in data 24 febbraio 2017, di procedere alla modifica del progetto di cui alla deliberazione n. 132/2014, *"ritenendo tale progetto non coerente ai principi programmatici votati dall'Assemblea Capitolina"*. Pertanto con tale OdG l'Assemblea Capitolina ha impegnato la Sindaca e la Giunta *"a dare seguito alle attività necessarie alla realizzazione di un progetto STADIO che garantendo i benefici per l'intero quadrante e per i cittadini residenti, risponda ai seguenti criteri:*

- *la riduzione di oltre il 50% delle cubature per quanto attiene il business park eliminando le tre torri inserite nel precedente progetto;*
- *la realizzazione di edifici a basso impatto ambientale e con elevati standard energetici attraverso l'adozione di materiali e tecnologie*

d'avanguardia;

- *(…) la massima accessibilità all'area tramite:*
- *trasporto pubblico di linea con servizio per minimo 20.000 passeggeri l'ora sull'intera tratta della Roma-Lido, a cui vanno garantiti ulteriori 7500 passeggeri l'ora sulla FL1 durante gli eventi sportivi;"*

La Deliberazione n. 48 del 30 Marzo 2017, denominata *"Progetto Nuovo Stadio della Roma in località Tor di Valle. Interesse alla realizzazione dell'intervento urbanistico e conseguente mandato al Dipartimento Programmazione ed Attuazione Urbanistica per la revisione della deliberazione dell'Assemblea Capitolina n. 132/2014"* ha infine deliberato *"l'interesse alla realizzazione dell'intervento urbanistico denominato progetto Nuovo Stadio della Roma, sulla base di una proposta progettuale purché sia adeguata al mutato quadro delle condizioni ed obiettivi prioritari"*.

Infine, la Deliberazione dell'Assemblea Capitolina n. 32 del 14/06/2017, *"Nuovo Stadio in località Tor di Valle, ai sensi dell'art. 1, comma 304 della legge n. 147/2013. Conferma della dichiarazione di pubblico interesse alla proposta di realizzazione del nuovo Stadio a Tor di Valle di cui alla deliberazione di Assemblea Capitolina n. 132/2014, adeguata al mutato quadro delle condizioni ed obiettivi prioritari indicati nella deliberazione di Giunta Capitolina n. 48/2017."*, deliberava che *"il contributo relativo al costo di costruzione, stimato complessivamente in circa euro 45 milioni, verrà finalizzato al miglioramento dell'offerta e del servizio di trasporto pubblico su ferro attraverso il revamping/acquisto di treni o altri interventi sulla ferrovia Roma-Lido"*.

A seguito dei nuovi atti da parte dell'Amministrazione, il 25 luglio 2017 è stato redatto un aggiornamento del Progetto, che prevedeva quindi:

- non più la realizzazione di una stazione a ponte con discenderie sulle banchine, ma quella di un semplice collegamento tra la Stazione Tor di Valle e la piastra del Business Park;
- una soluzione trasportistica che ipotizzava un tronchino di scambio ad Acilia per l'inversione dei materiali (non più la realizzazione del/dei tronchini di attestamento dei treni presso Tor di Valle), con i treni che quindi invertono la propria marcia presso la stazione di Acilia (percorrendo circa il doppio del percorso, rispetto alla soluzione che prevedeva Tor di Valle

come stazione terminale).

Onde utilizzare al meglio i 45 mln € destinati al potenziamento del trasporto pubblico per garantire l'accessibilità allo Stadio, sono state formulate varie ipotesi alternative di sviluppo:

Ipotesi 1:   45 mln € destinati al solo acquisto di materiale rotabile.

Ipotesi 2:   15 mln € destinati al potenziamento infrastrutturale della linea;
                30 mln € destinati all'acquisto di treni.

Ipotesi 1

Nell'ipotesi 1 si prevede di destinare tutto il finanziamento disponibile per l'acquisto di Materiale rotabile. Considerato un importo medio pari a 8.7 mln € / treno, sarà possibile l'acquisto di 5 nuovi treni.

Si suppone che gli interventi infrastrutturali (descritti nell'ipotesi 2) necessari alla realizzazione del potenziamento potranno essere a carico della Regione Lazio, come anticipo dei lavori previsti dalla stessa nella richiesta dei 180 mln €.

I materiali rotabili utilizzabili per simulare l'offerta sono quindi:

- n. 8 MA300 (CAF);
- n. 7 MA200 (per i quali devono essere comunque previsti interventi manutentivi);
- acquisto n. 5 nuovi treni;

Totale: n. 20 treni.

Il modello di esercizio simulato considerando il nuovo parco a disposizione prevede inoltre:

- Inserimento della fermata «Acilia Sud»: tempo di percorrenza complessivo pari a 38' 30";
- Mantenimento dei tempi minimi di cambio banco attualmente effettuati (8' minimo a capolinea).

Il Modello di esercizio prevede un doppio anello:

- Porta S. Paolo – Acilia, «anello corto»;
- Porta S. Paolo – Cristoforo Colombo, «anello lungo».

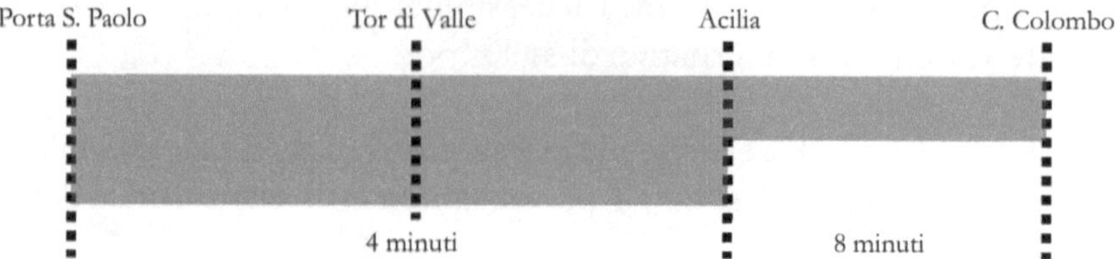

La frequenza cumulata è quella rappresentata in figura (1 treno ogni 4' tra Acilia e P. S. Paolo; 1 treno ogni 8' tra Acilia e C. Colombo). L'inversione dei treni dell'anello corto può effettuarsi presso il tronchino attualmente presente presso la Stazione di Acilia. La presenza di un doppio anello permetterebbe, anche in orari non strettamente connessi all'evento sportivo (ore di punta dei giorni feriali), di distribuire l'offerta in modo ottimizzato rispetto alla domanda.

Il fabbisogno di materiale rotabile per effettuare questo modello di esercizio ammonta a 19 treni (riserve escluse).

Ipotesi 2

L'ipotesi 2 prevede di destinare una parte dei finanziamenti disponibili (15 mln €) alla realizzazione delle seguenti opere infrastrutturali:

- Potenziamento della linea di contatto da Acilia a Porta S. Paolo – stima costi 6 mln €;
- Realizzazione della SSE presso Magliana e potenziamento della SSE Mercati (Garbatella) – stima costi 5 mln €;
- Realizzazione di un ulteriore tronchino c/o stazione di Acilia con i conseguenti interventi sugli apparati (modifica ACEI, telecomando e opere complementari) – stima costi circa 4 mln €.

La quota rimanente (30 mln €) sarà destinata all'acquisto di Materiale rotabile (n. 3 treni).

Il numero di materiali rotabili utilizzabili è quindi il seguente:

- n. 8 MA300 (CAF);
- n. 7 MA200 (per i quali devono essere comunque previsti interventi manutentivi);
- acquisto n. 3 nuovi treni;

Totale: n. 18 treni.

Il modello di esercizio simulato con questa disponibilità di materiali ricalca quello dell'ipotesi 1 (doppio anello) ma con le frequenze rappresentate di seguito:

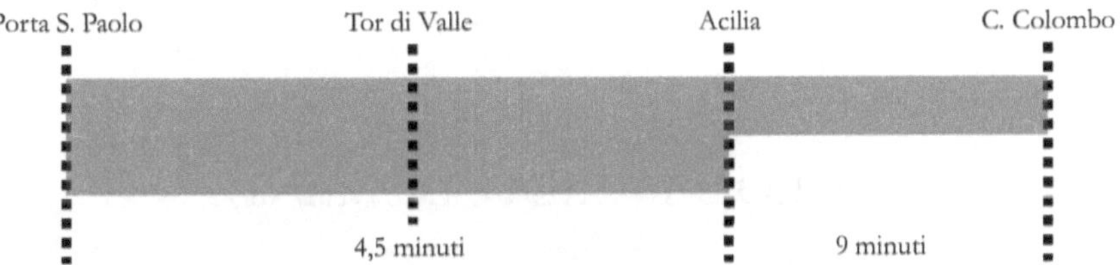

La frequenza cumulata è quindi di 1 treno ogni 4' 30" tra Acilia e P. S. Paolo e di 1 treno ogni 9' tra Acilia e C. Colombo.

Il fabbisogno di materiale rotabile per effettuare questo modello di esercizio ammonta a 17 treni (riserve escluse).

Recentemente è tornata di attualità l'ipotesi di instradare la Roma – Lido sui binari della metro B, denominandola "metro E".

Va specificato che qualsiasi valutazione sull'opportunità di procedere all'elaborazione di studi / progetti riguardanti l'instradamento / innesto della Roma-Lido sulla Metro B andrebbe corredata da analisi costi/benefici.

Va anche riaffermato che, in ogni caso, prima che tale ipotesi possa essere esaminata, c'è la priorità delle priorità, rappresentata dalla trasformazione della Roma – Lido in metropolitana che richiederà almeno 4 anni di lavori.

In parallelo vanno eseguiti i lavori di ammodernamento e adeguamento della metro B. Si tratta di interventi propedeutici a qualunque sviluppo che, se realizzati, possono connettere le linee e modernizzare il sistema, se non realizzati o ritardati potrebbero determinare una disconnessione della linea con criticità gravi.

6. LA ROMA – LIDO: DOMANI

Pensando al domani della Roma – Lido, prima di ogni altra cosa non si devono ripetere gli errori del passato.

Si deve osare, pensando al futuro come abitanti del futuro.

L'obiettivo è semplice: la Roma – Lido può e deve diventare una metropolitana, con standard, efficienza e frequenza da metropolitana.

Di seguito si illustrano le condizioni necessarie.

Guai pensare a "romanelle" o interventi parziali: quando si affronta e progetta il futuro di una infrastruttura, non si può procedere pensando di limitare l'innovazione o facendo pesare economie sui fondamentali strutturali e di sicurezza della linea.

Quello che si crede essere un risparmio oggi si trasformerà in sperpero, inefficienza e danno per i futuri 50 anni.

La Roma – Lido ha bisogno di materiali progettati per le caratteristiche della linea, ha bisogno di un impianto di deposito officina dedicato, ha bisogno di un aumento delle fermate e di nodi di scambio.

Insomma, una vera metropolitana.

Analisi della domanda prevista – criticità

Da un punto di vista demografico, in uno scenario di medio periodo (2025) si prevede (fonte: S.T.A.T.U.S. – Scenari Trasportistici e Ambientali per un Trasporto Urbano Sostenibile) per la zona 6 del PGTU un incremento della popolazione residente del +12,4% e una variazione del numero degli addetti corrispondente al +22,6%. Conseguentemente cresce anche la domanda di trasporto su questa linea: relativamente a questo scenario (che prevede anche la realizzazione delle fermate Acilia Sud, Giardini di Roma e Torrino Mezzocammino), si prevedono, in direzione Roma, i carichi rappresentati nel grafico che segue (riferimento ora di punta del mattino):

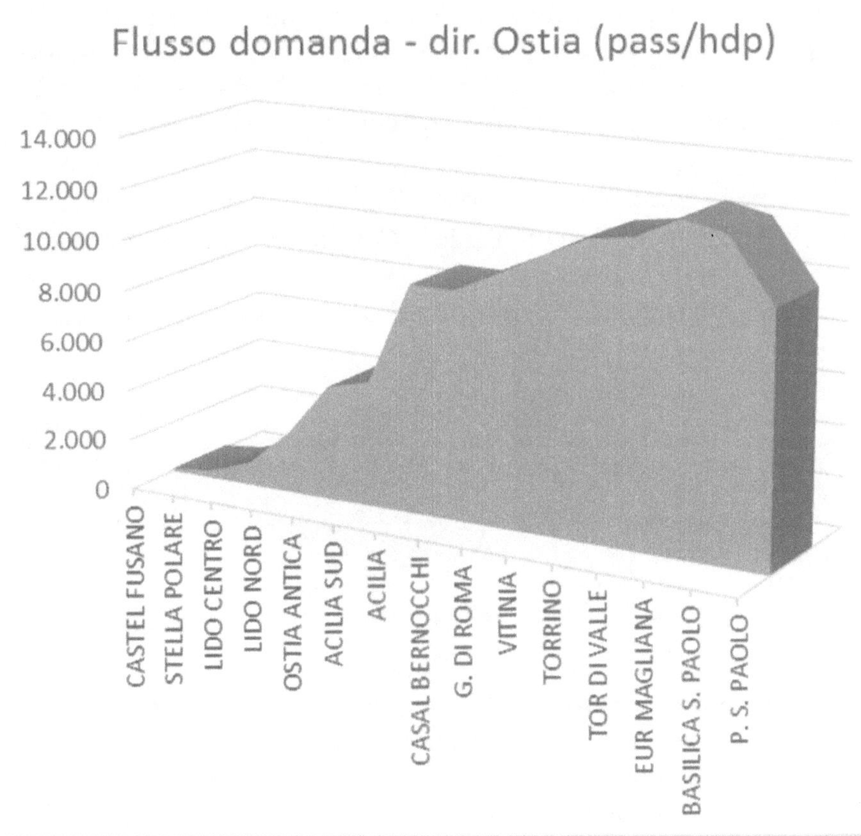

Pianificazione trasportistica – modello di esercizio

L'ulteriore sviluppo della domanda prevista nelle zone attraversate dalla Roma-Lido, unitamente alle numerose criticità già descritte in precedenza, impone azioni drastiche per l'adeguamento della linea alle necessità dell'utenza, con effetti benefici sul miglioramento della mobilità dell'intero quadrante urbano a Sud di Roma.

La soluzione per la Roma-Lido è la trasformazione in metropolitana e la realizzazione di un modello di esercizio potenziato che va pianificato considerando le caratteristiche della domanda e della configurazione dell'infrastruttura.

Considerando che la domanda nell'ora di punta del mattino cresce in modo sensibile nella tratta Acilia Sud – Porta S. Paolo (il carico a bordo quasi raddoppia, passando da 4.950 a 9.000 circa), al fine di ottimizzare il servizio in funzione della domanda di trasporto e di conseguenza l'utilizzo del materiale rotabile, si rende necessario effettuare un servizio potenziato Acilia – Porta S. Paolo, in sovrapposizione all'esercizio "classico" che collega i due capilinea.

- Anello corto: Porta S. Paolo – Tor di Valle, 8' di frequenza;
- Anello lungo: Porta S. Paolo – C. Colombo, 8' di frequenza;

per una frequenza cumulata tra Porta S. Paolo ed Acilia di un treno ogni 4 minuti.

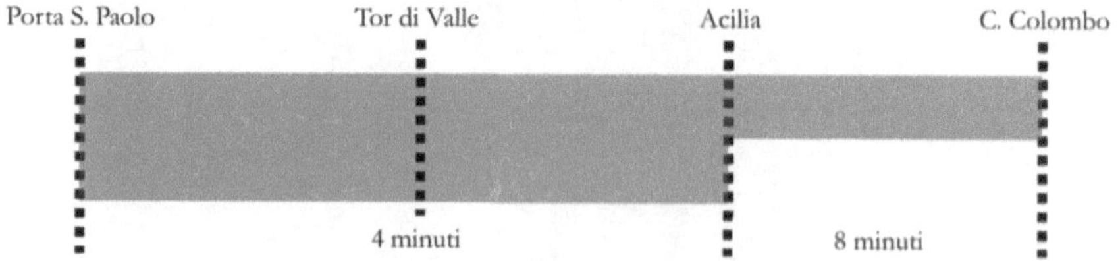

Il fabbisogno di materiali rotabili necessario ad effettuare questo modello di esercizio ammonta a 20 treni (riserve escluse). Per effettuare questo modello di esercizio, ipotizzando una riserva pari al 20% del parco, servono quindi, in totale, 24 treni.

Viene scelta la stazione di Acilia come nodo terminale del potenziamento e non Acilia Sud in quanto la prima, come anticipato, già dispone di un binario utilizzabile per le manovre di inversione dei materiali, come è mostrato nella planimetria che segue.

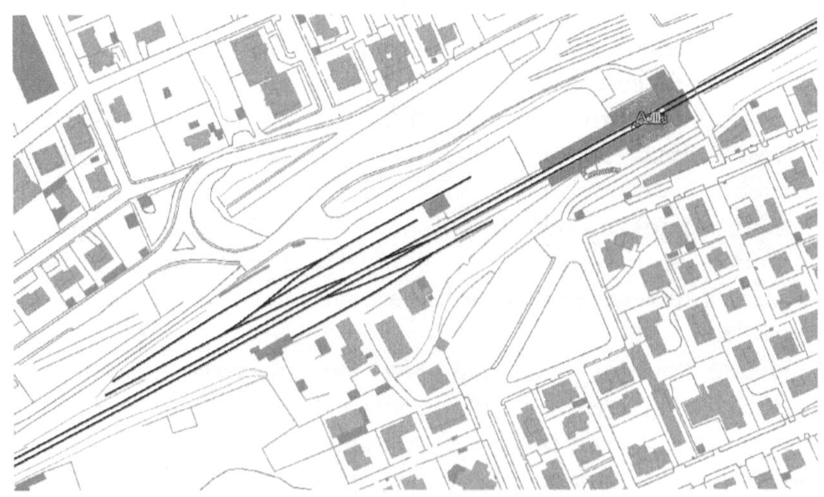

Il grafico seguente rappresenta un confronto tra la domanda prevista (grigio chiaro) e la capacità di trasporto garantita dal modello di esercizio proposto (in grigio scuro).

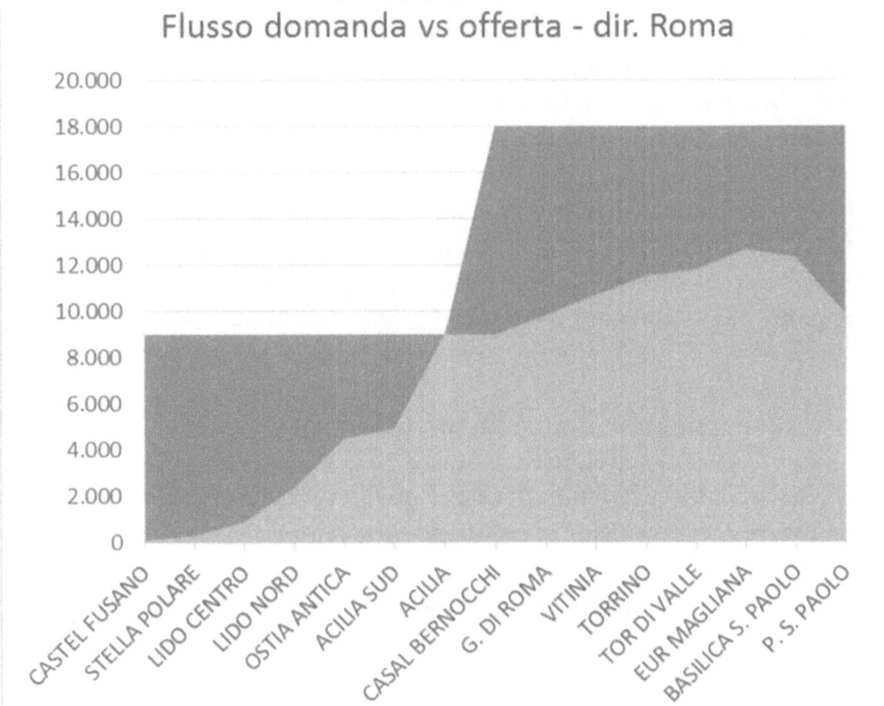

Trasformazione in metropolitana

Il tracciato della Roma – Lido si sviluppa interamente sul territorio di Roma Capitale ed è a servizio di quartieri e residenti del Comune, questa è la prima motivazione che induce ad immaginare la linea non più come un servizio ferroviario bensì come un servizio metropolitano.

L'esigenza di un servizio di tipo metropolitano scaturisce inoltre dal processo di espansione che ha vissuto la città in questo quadrante. L'urbanizzazione avvenuta nel corso del tempo lungo la linea ha determinato l'introduzione di molte fermate intermedie a servizio dei nuovi residenti.

Il servizio "punto – punto", tipico delle ferrovie regionali, si è trasformato gradualmente in un servizio distribuito lungo la linea, tipico appunto di un servizio metropolitano.

Come è noto, attualmente la proprietà è in capo alla Regione Lazio così come la pianificazione dei servizi e la gestione dell'affidamento del servizio. Se la linea fosse trasformata in metropolitana la competenza passerebbe agli uffici Comunali così come la proprietà, la pianificazione e l'affidamento del servizio.

Roma sarebbe quindi nelle condizioni di poter scegliere in autonomia quale e quanta offerta di trasporto chiedere e remunerare al gestore da essa individuato.

Altri benefici attesi dalla realizzazione di una tale trasformazione sarebbero sicuramente legati all'ottimizzazione dei fattori produttivi del servizio.

Infatti, se la linea fosse trasformata in una metropolitana utilizzando standard tecnologici compatibili con le altre linee esistenti, si otterrebbero effetti di interoperabilità del materiale rotabile, del personale di condotta oltre che una possibile ottimizzazione dell'utilizzo dei depositi almeno per alcune operazioni di manutenzione dei materiali rotabili.

Non è trascurabile inoltre il risparmio sul costo del personale viaggiante legato al superamento della figura del capotreno.

L'obiettivo dovrebbe quindi essere quello di realizzare una linea che possa essere messa a sistema con la rete esistente.

Vale la pena citare la norma UNI8379, che definisce la metropolitana come *"sistema di trasporto rapido di massa, di alta capacità e frequenza nell'ambito delle conurbazioni, costituito da veicoli automotori o mossi da veicoli automotori circolanti su rotaia, ovvero con altra guida vincolante e completamente svincolata da qualsiasi altro tipo di traffico, con regime di circolazione regolata da segnali".*

Nell'ambito della norma UNI vengono inoltre fornite ulteriori caratteristiche specifiche del servizio metropolitano:

- portata potenziale minima per senso di marcia (in condizioni di massima domanda di trasporto, i.e. ora di punta): 24.000 posti / ora;
- distanziamento tra treni successivi (come prestazione potenziale minima, sempre riferito all'ora di punta): 3 minuti;
- capacità del convoglio (intesa come numero totale dei posti forniti calcolati su un tasso di riempimento massimo corrispondente a 6 passeggeri / mq): 1.200;
- distanza media tra le stazioni: 600 – 1000 m;
- incarrozzamento a raso;
- velocità commerciale: 25 km/h;
- lunghezza massima del convoglio: 150 m.

La proposta progettuale

La stessa azienda ATAC SpA ha predisposto e sottoposto all'Amministrazione Comunale e alla Regione Lazio, a maggio 2015, una relazione tecnica che proponeva nel dettaglio tutti quegli investimenti aggiuntivi necessari per trasformare la ferrovia Roma Lido in una linea ad esercizio metropolitano, con miglioramento della frequenza e della qualità del servizio, per un importo complessivo stimato intorno ai 180 mln €.

Gli interventi riguardano, in particolare, miglioramenti alle opere civili e agli impianti di stazione e di linea, rifacimento dell'armamento, miglioramento del segnalamento e del sistema di telecomunicazioni, controlleria in entrata e in uscita dalle stazioni, automatizzazione delle informazioni all'utenza.

L'ipotesi prevedeva i seguenti interventi:

a.   *Restyling e rinnovo degli impianti di stazione*
    Rinnovo e adeguamento degli impianti di illuminazione, idrico antincendio, sanitario, distribuzione elettrica, climatizzazione e pannelli informativi;

b.   *Rifacimento completo dell'armamento*
     Completo rinnovo compresi gli scambi inseriti sui binari di corsa ed risanamento della massicciata;

c.   *Sostituzione della linea di contatto con catenaria rigida*
     Rinnovo radicale della linea di contatto con la tipologia di catenaria rigida che garantisce ottime prestazioni, durata nel tempo e bassa manutenzione;

d.   *Realizzazione delle banchinette di emergenza e delle recinzioni*
     Realizzazione delle banchinette di emergenza per l'evacuazione dei viaggiatori in caso di arresto di un treno in linea;
     La struttura di tali banchinette costituirà anche la fondazione dei portali di sostegno della linea di contatto a catenaria rigida;

e.   *Sottostazioni elettriche*
     Manutenzione straordinaria delle attuali SSE;

f.   *Parco Rotabile*
     Revisione intermedia o generale dell'attuale parco e trasferimento di ulteriori 3 MA300 dalla Metro B alla Roma Lido.

Lo studio prevedeva la conclusione dei lavori in circa 3 anni.
La proposta di Atac fu elaborata anche per rispondere al project financing presentato dal raggruppamento di imprese con capofila Ratp Dev Italia Srl. Le due proposte furono anche messe a confronto in un elaborato presentato in audizione di Atac presso il Senato del 25 Maggio 2016.

La relazione di Atac è da prendere a riferimento come quadro esigenziale minimo per rinnovare e potenziare la linea, tuttavia per effettuare il modello di esercizio sopra proposto e per trasformare la linea in una metropolitana efficiente e compatibile con le linee A e B/B1 di Roma, si rendono necessari ulteriori interventi / accorgimenti:

•   Realizzazione di un nuovo deposito dedicato alla linea sia per la manutenzione dei treni che per il loro ricovero;
    Il deposito deve avere la possibilità di ricovero di almeno 30 treni, deve essere concepito per effettuare la manutenzione e la ciclazione a treno composto, senza la

necessita di disaccoppiare le carrozze. Deve essere dotato di un tornio in fossa utilizzabile a sala montata e postazioni dedicate alla manutenzione e agli interventi sui guasti sufficienti ad operare simultaneamente su almeno tre treni.

- Alimentazione elettrica indipendente dalla Linea B/B1 con incremento e potenziamento delle sotto stazioni elettriche;
- Compatibilità dell'infrastruttura con i treni circolanti sulle linee A e B/B1:
  1. In occasione del previsto completo rifacimento dell'armamento, sarà necessario provvedere all'innalzamento del piano del ferro in corrispondenza delle fermate/stazioni;
  2. adeguamento delle banchine di stazione alla sagoma limite;
  3. regolazione dell'altezza massima della nuova linea di contatto;
- Compatibilità del sistema di segnalamento con le linee A e B/B1:
  discontinuo, nuovo sistema elettromagnetico in sostituzione dell'attuale di tipo meccanico;
- Realizzazione di un ulteriore tronchino per l'inversione dei treni nella stazione di Acilia;
- Rinnovo completo del parco rotabile con flotta appositamente progettata e dedicata alla linea (totale 23 treni);
- Completamento delle opere presso le Acilia Sud (con sovrappasso ciclo-pedonale) e Tor di Valle, e realizzazione delle fermate Torrino-Mezzocammino e Giardini di Roma.

La realizzazione del complesso di opere sopra elencate renderebbero la linea compatibile con la norma UNI discussa in precedenza, sia in termini di distanziamento minimo, che di portata potenziale minima e capacità del convoglio (già conforme). La realizzazione / completamento delle fermate, inoltre, porterebbe la distanza minima delle fermate/stazioni a circa 1.700 metri, valore che si avvicina a quello dettato dalla norma.

Domani come Futuro

Il domani, inteso come futuro, non può che essere rappresentato dalla trasformazione della Roma – Lido in metropolitana, senza mezze misure.

Se l'obiettivo condiviso è la trasformazione, vanno evitate le ipersuggestioni, pensamenti e ripensamenti ed ogni forma di distrazione.

Il fatto che la Roma – Lido sia stata "classificata" ferrovia di interesse nazionale dovrebbe far pensare e riflettere. Innanzitutto le istituzioni, Regione e Comune.

Una ferrovia che corre tutta dentro il Comune di Roma Capitale nella continuità urbanizzata e consolidata della città può solo avere interessi molto meno che nazionali e tutti mirati alla gestione ed alle potenzialità della trasformazione in metro.

Forse la previsione di ATAC di 180 milioni è sottostimata ma rappresenta un buono ed indiscutibile inizio, un piano economico e finanziario potrebbe far salire la cifra, ma potrebbe anche individuare risparmi sul costo del lavoro ed efficientamenti operativi per milioni di € / anno.

Frequenze di tipo metropolitano, affidabilità integrale ed accessibilità contribuirebbero a cambiare la vita di un versante della città.

Non solo mare, ma anche recupero della mobilità di sistema della città.

7. BIBLIOGRAFIA

- Roma Capitale, *Roma Statistica. Popolazione iscritta in anagrafe al 31 dicembre 2016*;
- Roma Servizi per la Mobilità, *S.T.A.T.U.S. – Scenari Trasportistici e Ambientali per un Trasporto Urbano Sostenibile - La pianificazione dei trasporti nell'area metropolitana di Roma*, luglio 2016;
- Rivista Storica del Lazio, Anno X – quaderno 5 – 2002;
- Stefano Maggi – Il Mulino, *Le Ferrovie;*
- Costantino Jadecola – Edizioni Dieuropa, *Roccasecca – Sora;*
- Angelo Curci – *Da Porta Romana a Granatello;*
- Angelo Curci – *La Ferrovia Roma Ostia Lido nel Cinquantenario della sua apertura*, Roma 1974;
- Wolfang Schivelbush – Einaudi, *Storia dei Viaggi in Ferrovia;*
- Civitareale, Di Gaetano, Salvia – Project Work Master II Livello Università di Roma La Sapienza, *Lo sviluppo della mobilità integrata door to door, il caso della Roma-Lido;*
- Senato della Repubblica, audizione dei vertici dell'Atac SpA. in merito alla scadenza e alle procedure di affidamento della concessione del servizio ferroviario sulla tratta Roma-Ostia Lido, VIII Commissione Lavori pubblici del 25.05.2016;
- Eurnova Srl e Stadio Tdv SpA – *Stadio della Roma Tor di Valle, Generale - Mobilità e Studio del Traffico* Roma 2016;
- RATP DEV Italia – Proposta di Prject financing per la progettazione, costruzione e gestione della Roma – Ostia Lido (ratpdev.it);
- Norma UNI8379;
- Comitato Pendolari Roma Ostia, *Da Ostia a Roma – sulla Roma*

Lido – *blog della mobilità sulla direttrice Ostia Roma*;
- Ennio Cascetta, *Gli spread del trasporto pubblico locale Roma 2015;*
- Isfort, *14° Rapporto sulla mobilità italiana 2017;*
- Legambiente, *Rapporto pendolaria, la situazione e gli scenari del trasporto ferroviario pendolare in Italia 2016 e 2017;*
- Ministero dell'economia e delle finanze – *Connettere l'Italia fabbisogni e progetti di infrastrutture – Allegato al Documento di Economia e Finanza 2017*, deliberato dal Consiglio dei Ministri 11 aprile 2017;
- Bilanci ATAC 2014 -2015 – 2016;
- Delibere di Roma Capitale e Regione Lazio riguardanti le ex concesse.

GLI AUTORI

Roberto Caruso
Ingegnere Civile con indirizzo Trasporti, dal 2007 si è occupato di Pianificazione Strategica rete trasporto pubblico locale presso ATAC, dal 2010 svolge la sua attività presso "Roma Servizi per la Mobilità", lavora nell'ambito della pianificazione del sistema ferrotranviario e dell'integrazione modale e tariffaria.

Fabrizio Moretti
Ingegnere elettronico specializzato in Telecomunicazioni, ha conseguito inoltre il Master di II livello in Servizi Pubblici Locali. Dal 2007 si è dedicato al TPL, prima in ATAC, poi presso "Roma Servizi per la Mobilità". Dal 2010 si occupa della pianificazione dei servizi su ferro, in modo particolare della simulazione dei modelli di esercizio di Ferrovie, Tram e Metropolitane.

Enrico Sciarra
Attualmente dirigente in "Roma servizi per la mobilità". Ha ricoperto ruoli apicali in diverse aziende e realtà del TPL. Ha implementato innovazioni nelle aziende e nell'organizzazione e gestione dei servizi di trasporto (orari cadenzati, turni, pianificazione integrata, integrazione tariffaria).
E' autore di articoli, pubblicazioni e libri su trasporti e mobilità.